世界一やさしい 高配当株投資の教科書1年生

ショウ

ソーテック社

ご利用前に必ずお読みください

本書は株式による投資商品の売買、投資の参考となる情報提供、技術解説を目的としています。投資商品の売買、投資の意思決定、最終判断はご自身の責任において行ってください。

本書に掲載した情報に基づいた投資結果に関しましては、著者および株式会社ソーテック社はいかなる場合においても責任は負わないものとします。

また、本書は執筆時点の情報をもとに作成しています。掲載されている情報につきましては、ご利用時には変更されている場合もありますので、あらかじめご了承ください。

以上の注意事項をご承諾いただいたうえで、本書をご利用願います。

※ 本文中で紹介している会社名、製品名は各メーカーが権利を有する商標登録または商標です。なお、本書では、©、®、TMマークは割愛しています。

Cover Design & Illustration…Yutaka Uetake

はじめに

本書を手に取ってくださり、ありがとうございます。

私はサラリーマンをしながら、コツコツと配当金を積み上げている高配当株投資家です。

高配当株投資で得られる配当金は、「完全な不労所得」です。配当金は自分が何もしなくても、自動的に入金されます。高配当株を保有している限り、半永久的に配当金をもらい続けることができるものです。

「あと月に3万円、自由に使えるお金があればなぁ。」「今の仕事も良いけど、本当はほかにやりたいことが……。」そう思ったことはありませんか？

これらの悩みを解決する手助けをしてくれるのが、高配当株投資で得られる配当金です。労働に頼らない経済的な自由をサポートし、あなたの人生を豊かにしてくれます。

1か月当たり10万円の配当金が入金されるようになったら、あなたは何に使いますか？　おいしいものや旅行、キャンプ、趣味の費用、住居費、子どもの教育費など。

生活が充実するのは間違いありません。楽しい未来が待っています。

あるとき私は、東京から出張で来ていた大阪で、一冊の本に出会いました。

「夢の配当生活のすすめ」（横田濱夫著、経済界）という本です。なんとなくタイトルに惹かれて買った本でしたが、まさに目からウロコが落ちる内容でした。東京へ帰る新幹線の中で、夢中になって読んだことを今でも鮮明に覚えています。

当時の私は、このままサラリーマンを定年まで続けて良いのか、自分は本当はどのように生きたいのかという思いが、常に頭の片隅にありました。そんな私に、経済的に自由な状態になるために、配当金という方法があるんだと教えてくれた本でした。

これをきっかけに、その後、高配当株投資の経験を重ね、自分でも試行錯誤しながら、配当金を少しずつ増やしていく現在の投資スタイルを確立できました。

高配当株投資を始めた当初は少なかった配当金も、今では税引後の手取りで月額20万円（年間240万円）以上の配当金に成長しました。

本書を一通り読んでいただければ、初心者の方でも高配当株投資をすぐに実践できるはずです。かつての私と同じように、今度はあなたにとって、本書が高配当株投資をする何らかのきっかけになったとしたら、とても嬉しいです。

ショウ

目次

2時限目 高配当株投資の8つの魅力

3時限目 投資リスクと対応策

4時限目 高配当株投資の始め方

5時限目 高配当株を選ぶ4つの基準

6時限目 一生保有したい15の高配当株

7時限目 いざ高配当株に投資開始！意識すべき4つのポイント

8時限目 「新NISA」を活用する

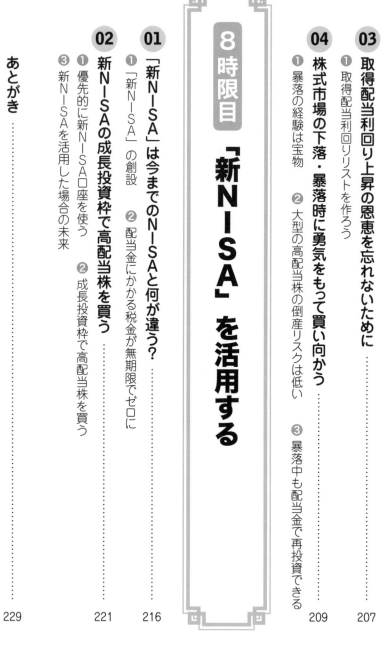

1時限目 高配当株投資とは？

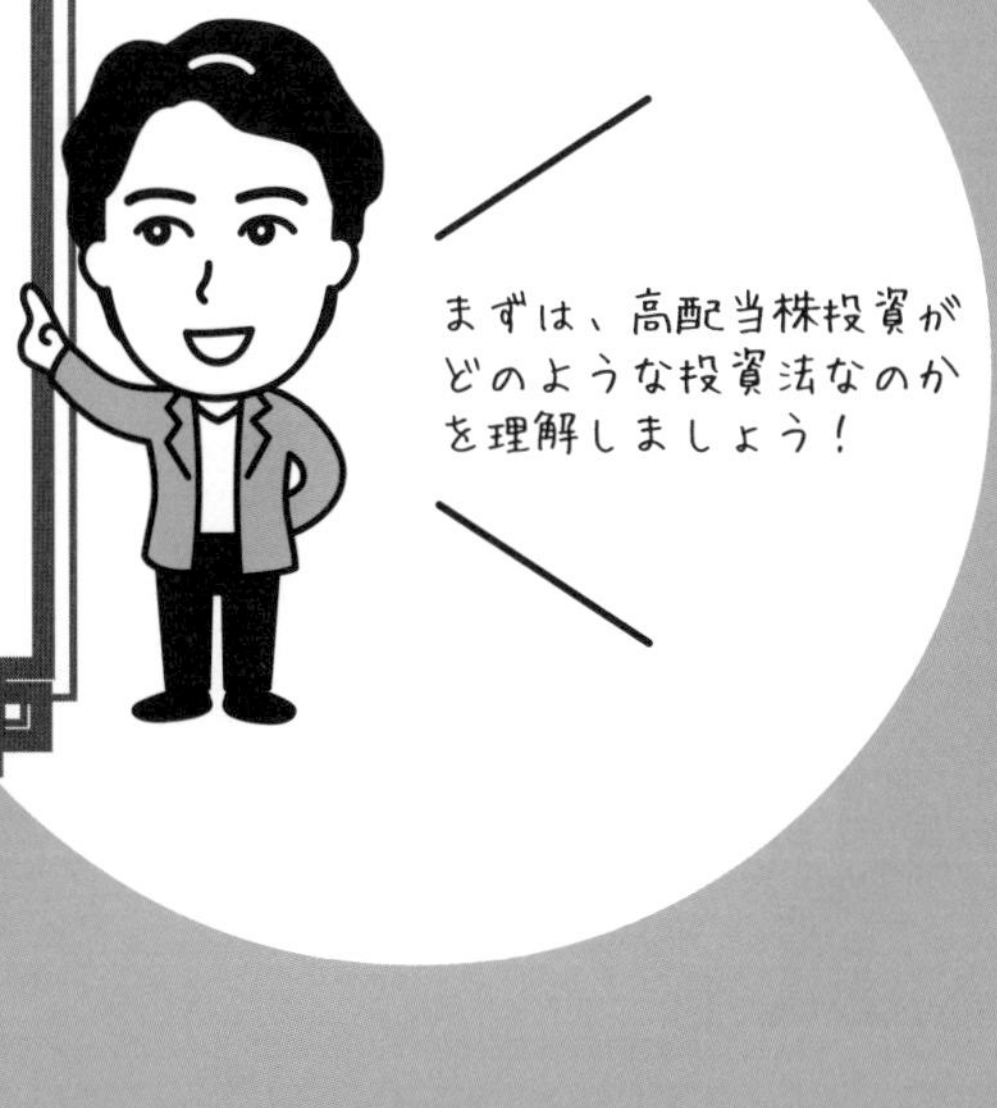
まずは、高配当株投資が
どのような投資法なのか
を理解しましょう！

01 配当金と配当利回りを理解しよう

高配当株投資とは文字通り、**高い配当利回りの配当金を受け取れる株式に投資**する手法です。受け取り配当金を増やすことを主な目的として、コツコツと投資していきます。

ここで鍵となるのが、**配当金**と**配当利回り**です。

1 大航海時代から変わらない配当金の仕組み

配当金の原点は、世界最古の株式会社と言われる東インド会社です。17世紀初頭にヨーロッパで設立されました。日本だと江戸幕府が開かれた頃です。

時は大航海時代。現代と違って、貿易は嵐や海賊、疫病など、船乗りの生命も失う恐れがある非常に危険なものでした。航海に

配当金の仕組みと配当利回りの計算式は、高配当株投資の基本中の基本です。
しっかり押さえましょう！

出るには莫大な費用がかかるうえ、失敗する可能性もかなり高かったのです。

そこで、船のオーナーが単独で出資するのではなく、複数人の出資者を募集して、危険負担を分散する方法が考え出されました。これが**株式会社**です。

いろんな人たちからお金を集めて大航海に出る。そして、知恵と勇気と幸運によって、希少な香辛料や絹、金（ゴールド）などをヨーロッパに持ち帰ることができたら、高値で飛ぶように売れるので大金持ちになれます。

この利益を、航海出発前にお金を出してくれた出資者たちと山分けします。つまり、**配当金**です。

現在の株式会社も同様の仕組みです。リスクを先に取ってお金を出してくれた出資者（株主）に対して、会社が稼いだ利益の一部を株主に配当金として返します。

株式投資で得られる利益は、株価上昇による株式売却益ばかりがイメージされることも多いですが、配当金は株式会社の起源である東インド会社の時代から存在する、**株式投資での基本的かつ王道の利益獲得方法**なのです。

● 配当金がもらえる仕組み

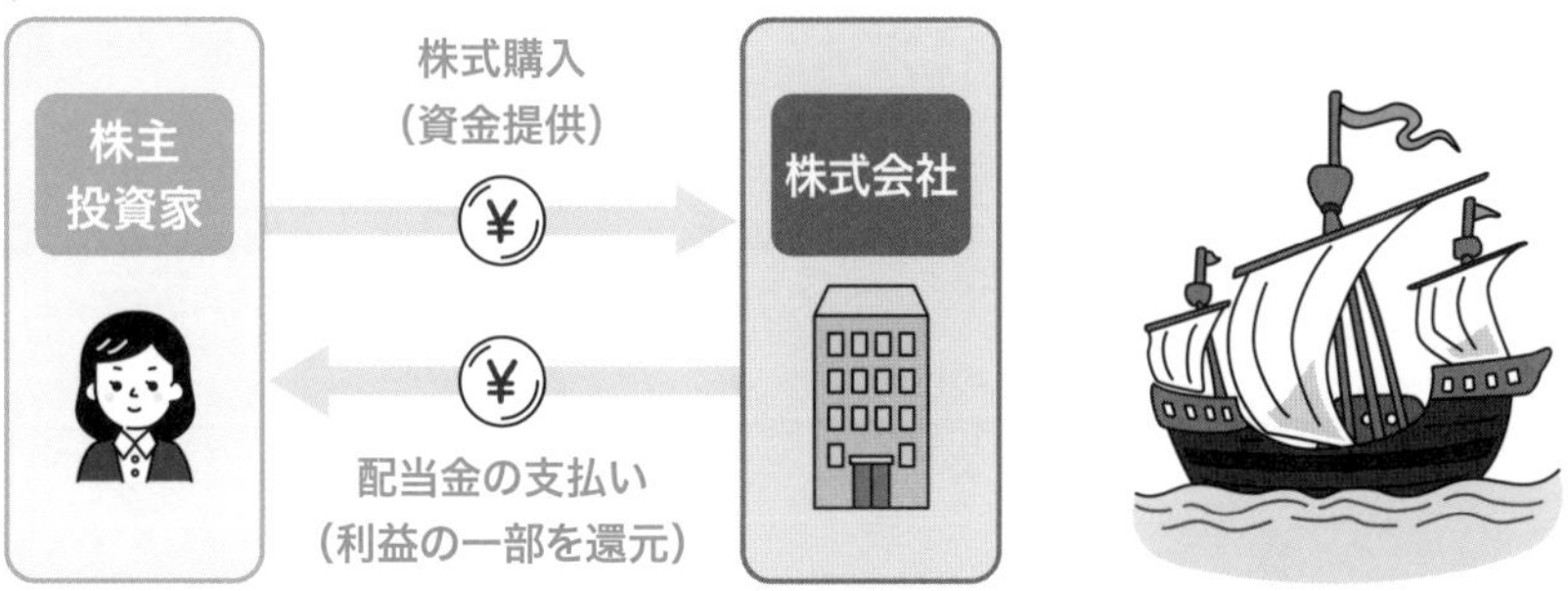

高配当株投資は、この配当金を得ることを主な目的とする、歴史ある正統派の投資法といえます。

2 配当利回りを計算しよう

配当利回りは、投資したお金に対するリターン（配当金）がどれくらいあるかを示しています。

高配当株投資での重要な指標です。

配当利回りは、次の式で計算します。

> **配当利回り（%）＝1株当たり配当金（年額）÷株価×100**
>
> ※「1株当たり配当金」は、各期に会社が出す予想配当金額を使います

A社の株価が500円、1株当たり配当金（年額）が20円のときに、1000株を買ったとします。

このとき投資額は株価500円×1000株＝50万円、年間配当金は配当20円×1000株＝2万円となります。A社の株式を50万円分買ったら、配当金2万円が年間リターンとして返ってくるということです。

右の式に当てはめると、この場合の配当利回りは、配当20円÷株価500円×100＝4%

になります。

前頁の配当利回りの計算式をじっと見ていると、ある関係が見えてきませんか？

式の分子である配当金に着目すると、次のことが分かります。

配当金が増えれば、配当利回りもアップ
配当金が減れば、配当利回りもダウン

今度は式の分母である株価に着目してみましょう。

株価が下がれば、逆に配当利回りはアップ
株価が上がれば、逆に配当利回りはダウン

このような関係性になりますね。分かりにくければ、下の図も参考にしてください。

配当利回りの式は、高配当株投資においてとても重要です。配当金、株価、配当利回りの関係と合わせて覚えておきましょう。本書でも何度も登場します。

● **配当利回りと配当金、株価の関係**

配当金	配当利回り
UP ⬆	UP ⬆
DOWN ⬇	DOWN ⬇

株 価	配当利回り
UP ⬆	DOWN ⬇
DOWN ⬇	UP ⬆

3 知らないと損する！　配当金にまつわる知識

配当金にかかる税金

配当金には税金がかかります。税率は**20・315％**です（所得税15％、復興特別所得税0・315％、住民税5％を合計した数字）。

たとえば500株を保有していて、1株当たり配当金が100円の場合、配当金は100円×500株＝配当金5万円（税引前）となります。税引後にいくら残るかというと、配当金5万円−税金（5万円×20・315％＝1万157円）＝3万9843円です。これが手取りの金額となります。

個人投資家としては、ざっくりと**「配当金×80％の金額」が税引後の手取りでもらえる配当金**だと考えておけば良いでしょう。

なお、株価上昇で得た株式売却益についても、配当金と同様に20・315％の税金がかかります。

配当金の額は誰が決める？

会社法により、1株当たりの配当金の額は株主総会で決議すると定められています（※）。持株数に応じて株主に議決権が付与され、その議決権の多数決によって決まります。ただそうは言っても、よっぽどの事情がない限り、会社が提案する株主総会議案が否決されることはありません。**実質的には配当額は会社が決めています。**

※会社の基本を定める定款への記載など各種条件を満たすことで、配当額を株主総会ではなく取締役会のみで決定できるようにすることも可能。ただし、定款の変更には株主総会決議が必要

増配・減配・無配

会社が**配当金を増やすことを増配**、逆に**減らすことを減配**といいます。**無配は、会社が配当金をゼロ円にしてしまうこと**です。

高配当株投資家としては、増配のニュースを聞いたときは心が躍り、逆に減配は言葉も見たくないくらい気落ちします。

なお、上場したばかりの新興企業など初期の成長途上にある企業は無配も珍しくありませんが、東証プライム上場の高配当株が無配に転落することは、経営破綻の危機などに陥らない限り、ほとんどありません。

基準日・配当権利付き最終日

会社は、ある一定の日に株主名簿に記載されている株主に対して、配当金を支払います。この一定の日を**基準日**（権利確定日）といいます。

決算期が3月の会社（4月1日から3月31日までの1年間が決算年度）は、9月30日と3月31日を基準日として、年2回配当を行う会社が多いです。9月30日時点の株主に対して中間配当を、3月31日時点の株主に対して期末配当を実施します。中間配当と期末配当を合計したのが年間配当金です。

株式を買ったあと、その会社で株主の名義書き換えが完了し株主名簿に自分の情報が記載されるのは、**購入から2営業日後**です。よって、3月31日の株主名簿に記載されて配当金をもらう権利を得るには、遅くとも3月31日の2営業日前までに当該株式を買わなければなりません。

この場合、3月29日の配当権利付き最終日に買えば配当金をもらう権利がありますが、3月30日の権利落ち日に買っても配当金は受け取れません（次頁図参照）。

土日が間に入る場合は、3月29日ではなく、3月31日の2営業日前が配当権利付き最終日となります。

● 基準日が3月31日（金）の場合

ここがポイント

- 配当金とは、お金を先に出してくれた株主に対して、会社が稼いだ利益の一部を返す仕組み
- 投資したお金に対するリターン率を表す配当利回りは、1株当たりの配当金（年額）÷株価×100で計算できる
- 配当金にかかる税金は、20.315%

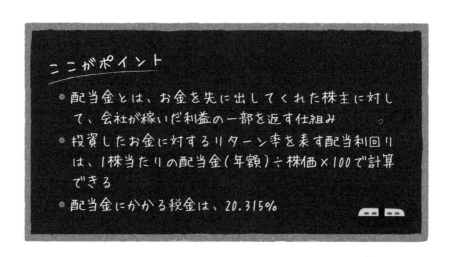

02 高配当株の定義

1 3％以上の配当利回りが高配当株の目安

高配当株は、高い配当利回りで配当金を得られる株式です。一般的に、**配当利回り3％以上**を指します。より広義には、2％以上を意味する場合もあります。

東証プライム上場企業に限定しても、配当利回り3％以上の企業は約670社もあります。配当利回り4％以上でも約210社あります（出典：Yahoo! ファイナンス、https://finance.yahoo.co.jp/stocks/ranking/dividendYield?market=tokyo1&term=daily、2023年10月18日時点）。**意外と多いと思われるのではないでしょうか**。投資対象の選択肢が多いのは、基本的には望ましいことです。

次頁の表に、ニュースで耳にする代表的な株価指数である日経平均株価の構成銘柄225社の中から配当利回りの高い順に上位20社を並べてみました。

皆さんがよく知っている会社もあると思いますが、日経平均株価を構成する**日本を代表するような会社の中にも、実は高配当株はたくさんあります**。

左の表にあるような比較的信用度の高い大企業の株式を買うだけで、普通預金金利0・001％の数千倍となる配当利回り4％、5％の配当金を受け取ることができます。この高配当株の魅力については、次章（31頁参照）で詳しく解説します。

● 日経平均株価の構成銘柄のうち配当利回り上位20社（2023年10月18日現在）

No.	社　名	配当利回り
1	JT（日本たばこ産業）	5.5%
2	あおぞら銀行	5.3%
3	ソフトバンク	5.1%
4	神戸製鋼所	4.9%
5	JFE ホールディングス	4.7%
6	SOMPO ホールディングス	4.6%
7	日本製鉄	4.6%
8	東ソー	4.5%
9	シチズン時計	4.5%
10	いすゞ自動車	4.4%
11	デンカ	4.4%
12	商船三井	4.4%
13	日本電気硝子	4.3%
14	長谷工コーポレーション	4.3%
15	UBE	4.3%
16	MS & AD インシュアランスグループホールディングス	4.3%
17	武田薬品工業	4.3%
18	丸井グループ	4.3%
19	積水ハウス	4.2%
20	双日	4.1%

ここがポイント

- 高配当株は配当利回り3%以上の株式を指す
- 日本市場において、3%以上の配当利回りの上場企業は意外と多い

03 高配当株投資とインデックス投資、何が違う？

次頁下に高配当株投資とインデックス投資の比較表を掲載しました。投資法の優劣を決めるものではなく、比較することで特徴が分かりやすくなります。

1 インデックス投資は市場全体に投資

インデックス投資は、株式市場の値動きを示す指数（日経平均やＴＯＰＩＸなど）に連動することを目指す投資法です。指数には多数の企業の値動きが反映されているため、インデックス投資を行えば一つの企業だけでなく、市場全体に一度に投資できることになり、リスクを分散できることが大きなメリットです。ただし、その分リターンも低くなります。

高配当株投資と比較して
インデックス投資が劣っている
ということではありません。
それぞれの特徴を理解して投資
しましょう！

この点、高配当株投資は会社単位で株式を購入するため、個別株のリスクを負うことになります。ただし、1社ではなく、複数の銘柄に分散して購入することでリスクを抑えることが可能です（88頁参照）。

2 高配当株投資は配当金の現金収入あり

高配当株投資では、**配当金が支払われるので定期的な現金収入がありますが、インデックス投資では売却するまではキャッシュフローとしての現金収入はありません**。ここは、大きな違いです。

その代わり、課税面では高配当株投資では配当金が支払われるたびに毎回課税されるのに対し、インデックス投資では原則として分配金が出ないので投資期間中の課税はありません（ただし、最終的な売却時には課税されます）。

この課税面の違いで、インデックス投資の方が複利効果が高く資産形成に有利だと言われがちですが、一概にそうとも言えません。この点については、3時限目03（80頁）で詳しく説明します。

● 高配当株投資とインデックス投資の比較表

	高配当株投資	インデックス投資
投資対象	個別株	指数（市場全体）
主目的	インカムゲイン（配当金）	キャピタルゲイン（売却益）
収入	配当金で定期的に収入あり	投資期間中の収入はなし
課税	配当金支払い時に都度課税	投資期間終了後の売却時に課税
出口戦略	不要	必要

3 インデックス投資は出口戦略の難易度高

出口戦略というのは、**投資期間終了後、投資で得た利益やお金をどのように現金化して受け取っていくかのプラン**です。

たとえば、20～30年の投資期間をかけて、老後用の生活費のための資産を投資で作るとします。

高配当株投資なら、老後になったら配当金をそのまま生活費に充当すれば良いですが、インデックス投資は資産を少しずつ売却して現金を得なければなりません。そのための**売却戦略（いつどれくらい売るのか）が老後に必要**となります。

ここがポイント

- インデックス投資は市場全体に投資、高配当株投資は個別の企業に投資
- 高配当株は配当金という定期的な現金収入があるため、出口戦略を考える必要がない

04 高配当株投資には夢がある

1 配当金で心にゆとりある生活を

高配当株投資は、夢のある投資法です。

配当金は、あなたの人生を変えてくれる力を持っているからです。

もし毎月の給料とは別に、月額10万円の配当金が入金されるとしたら、あなたの人生にどんな変化が起きるでしょうか。一度思い浮かべてみてください。

日々の生活に余裕ができ、精神的ストレスも減少、会社で嫌なことがあってもサラリと受け流せるでしょう。年金＋月額10万円の配当金があれば、世間でよく問題になる老後の心配も無用です。

高配当株投資をコツコツ続けて配当金を増やしていけば、最終的には夢の配当生活にもつながります！

今の会社や労働時間に満足していなければ、好きな仕事に転職したり、仕事量を調節しながらセミリタイアすることも可能です。家族や健康のために、もっと時間を使えるようにもなります。人それぞれ事情は違いますが、**一回しかない自分の人生で本当にやりたかったことをする**、そのお手伝いを配当金がしてくれます。

だからこそ、**高配当株投資にチャレンジする価値は十分にある**と考えています。

2 高配当株投資で配当生活も夢じゃない

高配当株投資をコツコツと長期的に続けていくと、最終的には、**配当生活**が見えてきます。

配当生活とは、**株式からの配当金で生活**することです。生活するのに十分な配当金があるので、生活費のために働く必要がない、**経済的に自由な状態**です。好きな仕事ならば働くのもよし、会社を辞めるのもよし、起業するのもよし、その選択権が自分自身にあります。

自分の時間をすべて、自分のやりたいことに使うことができる。そんな配当生活を送る将来の自分の姿を想像してみると、なんだかワクワクしてきませんか。

配当生活の実現はもちろん簡単なことではありませんが、決して不可能なことではなく、**やり方次第で手の届く**ところにあるのです。

将来の配当生活の楽しさをイメージしながら、本書で高配当株投資の知識・方法を習得していきましょう。

ここがポイント

- 配当金を得ることで、人生でやりたいことをやる余裕ができる
- 高配当株投資を続けていけば、配当生活の実現も可能

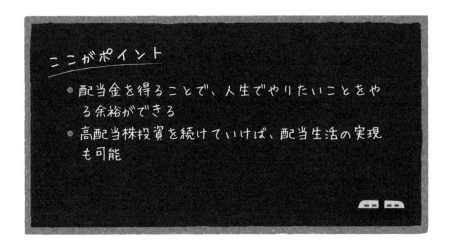

Column

映画で投資やお金を学ぶ

エンターテイメントとして楽しみながら、投資や経済、お金のことについて学ぶこともできる、そんな一石二鳥の映画をご紹介します。

マネー・ショート 華麗なる大逆転

公開 2015年

監督 アダム・マッケイ

出演 クリスチャン・ベール、ライアン・ゴズリング、スティーブ・カレル、ブラッド・ピット

2000年代半ば、好景気に沸くアメリカ。みんなが浮かれる中で、サブプライムローンによる住宅価格バブルの実態を見抜き、世界経済が破たんする方に賭けて空売りを仕掛けた、４人の投資家・トレーダーの話です。

彼らは、その後の米国住宅バブル崩壊・リーマンショックでの株価大暴落によって、4000億円もの利益を叩き出します。

この映画は、実話に基づくストーリーです。

サブプライムローンやMBS（モーゲージ債）、CDS（クレジット・デフォルト・スワップ）などの複雑な金融商品の仕組みも映画を通じて学べます。

いったいバブルとはどのようなものなのか、当時の人々はどんな行動を取ったのか。

バブルの中にいる大多数の人は気づけない。バブルがはじけて、莫大な損失が出てから、あれはバブルだったんだと初めて気づくことができる。そんなある意味では滑稽で、ある意味では背筋が寒くなるくらい恐ろしい、バブル絶頂期の様相を映像で疑似体験できます。

私も含め、日本のバブル時代を実体験できていない方にとって、かなり興味深い映像体験になると思います。

世界の株式市場が暴落したリーマンショック。その直前に、一流の投資家が投資判断を行ったやり方、失業率の数字の裏にある実際の生活者の姿など、今後の投資の参考になる気付きをたくさん与えてくれる映画です。

2時限目

高配当株投資の8つの魅力

高配当株投資には魅力がたくさんあります。
人生を変える力を持っていると言っても過言ではありません！

01 魅力① 配当金は完全なる不労所得

1 保有するだけで自動的に入金される高配当株

高配当株投資の魅力は、なんといっても**配当金が完全な不労所得**であることです。

高配当株を買いさえすれば、働かなくても、旅行に行っても、昼寝をしていても、何もしなくても**自動的に配当金が入金**されます。しかも高配当株を保有している限り、その後も半永久的に配当金を手に入れ続けることができます。

配当金は、まさに理想的な不労所得です。これは収入を稼ぐ別の方法（次頁表参照）と比べてみると、よく分かります。

預金利息はお金を預けるだけですが、金利は雀の涙。ほかの方

高配当株投資で
不労所得を受け取る
喜びをぜひ体験して
ください！

法は労働の提供や相当の時間と手間がかかります。精神的なストレスも生じるかもしれません。専門知識の習得が必要になることもあるでしょう。

一方配当金は、高配当株を保有するだけで受け取ることができます。労働とは関係なく入金される不労所得の配当金は、受け取ったときの喜びも格別です。

2 お金がお金を生む仕組み

高配当株に投資して配当金を得るということは、**お金（投資した元本）がお金（配当金）を生む仕組みを構築する**ことです。つまり、**自分の代わりにお金が働きます**。これは、お金持ちがさらにお金持ちになっていく理由でもあります。

逆に言えば、たとえ少額であっても投資をすることで、**労働の対価として給料が支払われる労働者側から、配当金を受け取る資本家側に回ることが可能**だということです。

お金がお金を生む仕組みを作る高配当株投資はまさしく、

● **収入の種類別比較**

種類	内容	デメリット
給料	社員やアルバイトとして働く	労働の提供、長時間の拘束
預金利息	銀行預金に付く利息	金利が極めて低い
副業収入	ネット転売・ブログ・ アフィリエイトなど	不安定 時間や手間がかかる
賃貸料	不動産投資で大家として 家賃を得る	リスク大 時間や手間がかかる

ジャックと豆の木の童話に出てくる「**金の卵を産むニワトリ**」と言えるでしょう。配当金という金の卵を産み続けてくれるからです。

このニワトリ（高配当株）を大事に育てることで、金の卵（配当金）を継続的に、かつ雪だるま式に増やしながら受け取ることができます。

かのアメリカの超大富豪、ジョン・D・ロックフェラー氏は次のような言葉を残しています。

> 私のたった一つの楽しみをご存じですか？
> それは配当金が入るのを見ることです。

欲しいものがあれば何でも買えるロックフェラー氏ですら、受け取るのを楽しみにしていた不労所得の配当金を、高配当株投資で手に入れましょう。

ここがポイント

- 高配当株を買えば自動的に配当金が入金され、お金がお金を生む仕組みが構築される

02 魅力② 配当金で生涯年収アップ

1 生涯年収＝給料＋配当金

サラリーマンの生涯年収は、平均で2〜3億円と言われています。たとえば学校を卒業して定年まで約40年間働くとして、40年の平均年収が５００万円だったとしたら、生涯年収は約2億円（＝５００万円×40年）です。

この**生涯年収を、配当金によって大幅にアップ**させることができます。

さらに、給料がもらえるのは定年退職までですが、配当金はその株式を保有している限り受け取ることができます。もっと言えば、本人が亡くなったあともその株式を相続した家族が配当金を受け取れます。

40歳までに月額10万円の配当金を受け取る仕組みを構築すれば、40歳から90歳までの50年間で受け取る配当金は、月額10万円 ×12か月 ×50年 = **6000万円**にもなります。

さらに、前述の計算は配当額が変わらない前提ですが、50年間もの長期間、まったく増配がないことはほぼあり得ません。実際は増配で配当金が増え、**生涯で受け取れる配当金総額は1億円を超える**と予想できます。

会社員としての生涯年収に1億円の配当金がプラスされたら、人生に大きなゆとりが生まれるでしょう。

2 増配による複利の力

配当金には強い味方が存在します。

それは、**増配による複利の力**です。諸説ありますが、あの天才物理学者アインシュタイン博士が「複利は人類最大の発明である」という言葉を残しているほどです。それほど、複利は大きなパワーを持っています。

複利とは、**元本に利息を組み入れて計算**することです。

たとえば、当初の元本が100万円で、年利5％の利息が複利で付く場合、39頁グラフのようになります。利息が利息を生むので、単利（元本のみに利息が付く）で貯めた場合と比べて、大幅に増えていくことが分かります。次のとおり、複利と単利の差は最初は小さいですが、長期になるほど大きな差になっていきます。

複利の場合
1年後：100万円×1・05＝105万円
2年後：105万円×1・05＝110万2500円
3年後：110万2500円×1・05＝115万7600円

単利の場合
1年後：100万円＋100万円×0・05＝105万円
2年後：100万円＋100万円×0・05×2＝110万円
3年後：100万円＋100万円×0・05×3＝115万円

配当金の増配分は新年度の配当に組み込まれるため、増配によって複利でどんどん増えていきます。**複利のパワーはその期間が長ければ長いほど、強大な効果を発揮します。**

たとえば、1株当たり配当金が100円→105円→110円→116円と年々増配されていった場合、それぞれ100円×1・05＝105円、105円×1・05＝110円、110円×1・05＝116円となり、年5％の複利で増えていることになります。

3 元本が2倍になる年数が分かる72の法則

複利には、「72の法則」という有名な公式があります。**72を複利の利率で割れば、元本が2倍になるまでの年数が分かる**というものです。

たとえば、当初の元本100万円が2倍の200万円になるのに何年かかるか計算してみましょう。

年率3%の複利：72÷3＝24年
年率5%の複利：72÷5＝14・4年
年率6%の複利：72÷6＝12年

72の法則は、金融商品への投資を検討するうえで非常に役に立つ（58頁参照）ので、この機会に覚えておきましょう。

● 長期で発揮される複利のパワー

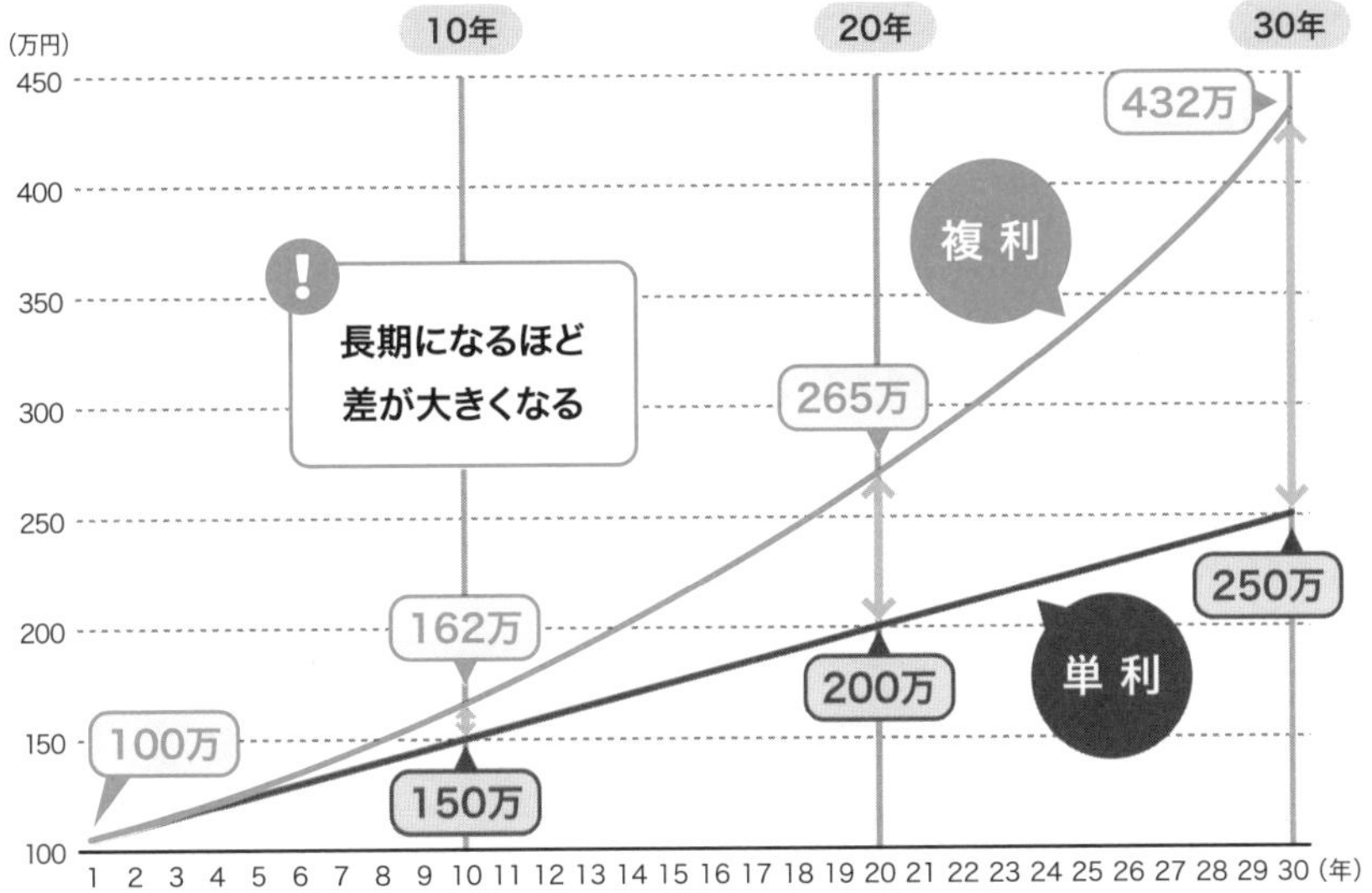

ここがポイント

- 配当金は給与と違い、保有している限り支払われる
- 増配による複利のパワーは投資期間が長いほど強大になる

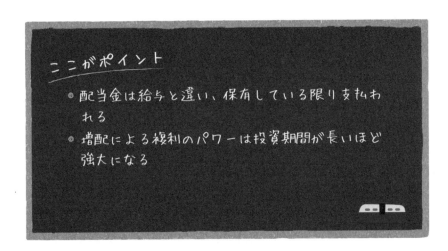

03 魅力③ 株価が下がりにくい

高配当株はその名の通り配当利回りが高いわけですが、この**高い配当利回り自体が、高配当株の株価下落へのブレーキとして機能**しており、株価が下がりにくくなっています。

これは、株式市場が下落傾向にあるときや暴落時に有効に働きます。

1 配当利回りと株価はシーソーの関係

1時限目の配当利回りの計算式（16頁参照）に、再び登場してもらいましょう。

配当利回り（%）＝1株当たり配当金（年額）÷株価×100

高配当株には株価下落へのブレーキ機能があります。これは投資家にとって嬉しいポイントです！

株価が下落したらどうなるんだろうと考えながら、この計算式をよく見てください。

そうです。配当金を株価で割って配当利回りが算出されるということは、**分母である株価が下がれば、配当利回りはアップ**します。

株価が下がれば、逆に配当利回りはアップ
株価が上がれば、逆に配当利回りはダウン

配当利回りと株価は、一方が上がれば他方が下がる、一方が下がれば他方が上がるという、シーソーのような関係です。

2 高い配当利回りが株価下落にブレーキをかける

このように株価が下がれば配当利回りは逆に上がるという関係があるため、高配当株の株価下落にはブレーキをかける力が働き、株価は下がりにくくなります。

具体例の方がイメージしやすいので、三井住友フィナンシャルグループ（ＦＧ）の株式で考えてみましょう。

● 配当利回りと株価の関係はシーソーに似ている

現在（2023年10月20日時点）
三井住友FGの株価：7190円
予想配当金：250円／株
配当利回り：3・5％（＝250円÷7190円）

この三井住友FGの株価が下落したら、配当利回りはどうなるでしょうか。以下に表で示しました。

右記時点の配当利回りは3・5％ですが、ここから株価が10％ダウンしたら、配当利回り3・9％に上昇します。さらに株価が下がれば、配当利回りも5％、6％、7％と上がっていきます。

ここで、ちょっと想像してみてください。

三井住友FGと言えば、メガバンクの名前の通り、巨大な金融グループであり、固い事業基盤と信用力を有しています。

そんな三井住友FGの配当利回りが現在の3・5％から4％、5％、6％それ以上になったとしたら、同

● 三井住友FGの株価・配当利回りシミュレーション（2023年10月20日時点）

	価格	予想配当金	配当利回り
現在	7190円	250円	3.5% (＝250円÷7190円)
株価−10%	6471円 (＝7190円×0.9)	250円	3.9% (＝250円÷6471円)
株価−20%	5752円 (＝7190円×0.8)	250円	4.3% (＝250円÷5752円)
株価−30%	5033円 (＝7190円×0.7)	250円	5.0% (＝250円÷5033円)
株価−40%	4314円 (＝7190円×0.6)	250円	5.8% (＝250円÷4314円)
株価−50%	3595円 (＝7190円×0.5)	250円	7.0% (＝250円÷3595円)

社の株式を買いたくなりませんか？　私なら、買いまくります（笑）。

配当利回りが上昇すると買われる

　このように株式市場の多くの投資家たちも、**配当利回りがアップすると割安だと判断して買いを入れます**。その結果、高配当株の株価下落はある程度のところでブレーキがかかり、ストップします。

　どの程度で株価下落が止まるかは、そのときの株式市場や個別企業の状況にもよりますが、目安は株価下落前の**通常時の配当利回りに1～2％プラスされた時点**です。

　なお、リーマンショックのような世界的大暴落が発生した場合は、一時的に前述の目安を上回る大きな株価下落が生じる可能性はあります。しかし配当金が維持されている限り、下がり続けることはありません。いずれかの時点で株価の下落はストップします。

　このように**高い配当利回り自体が自然に高配当株の株価下落を防ぐため、一方的に下落し続けることはありません**。

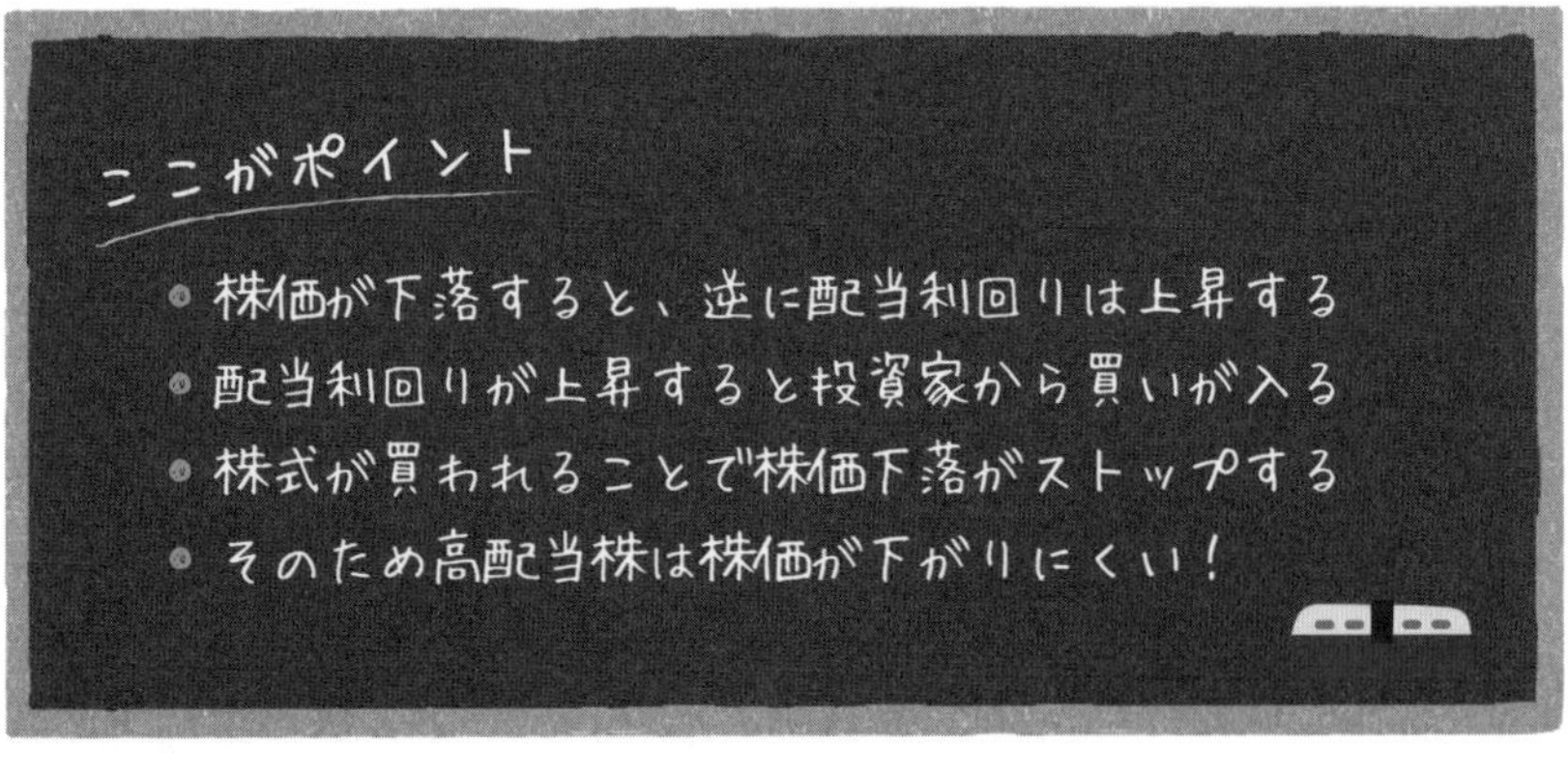
ここがポイント
株価が下落すると、逆に配当利回りは上昇する
配当利回りが上昇すると投資家から買いが入る
株式が買われることで株価下落がストップする
そのため高配当株は株価が下がりにくい！

04 魅力④ 増配で配当金と配当利回りが上昇

1 増配で増える取得配当利回り

配当利回りには、株式市場での通常の配当利回りと、取得配当利回りとの2つがあります。

私が高配当株へ投資する大きな理由の一つは、増配によって自動的に**「取得配当利回りと配当金がどんどんアップしていくから」**です。

これは、高配当株投資の大きなメリットと言えます。

通常の配当利回りは未購入の投資家にとっての利回り

一般的に使われる配当利回りとは、その時点での最新の株式市場で付いている株価をベースにします。証券会社やYahoo!ファイナンスなどの投資情報サイトでよく目にする、通常の配当利回りのことです。

配当利回り（％）＝１株当たり配当金（年額）÷株価×１００

本日時点の最新株価が２０００円で配当が60円なら、配当利回りは３％（＝60円÷２０００円）になります。**これからこの株式を買う投資家から見た利回り**とも言えます。

取得配当利回りは取得価格で利回りを計算

これに対して**取得配当利回りとは、自分の取得価格ベースでの配当利回りのこと**です。次の式で計算します。

取得配当利回り（％）＝１株当たり配当金（年額）÷取得価格×１００

※取得価格とは購入時の株価のことで、自分の証券口座で銘柄ごとに確認できます。もし同一銘柄を複数回買っている場合は、その平均が取得価格になります

1株当たり配当金が40円、株価が１０００円のA社株式を1株買ったとすると、自分の取得配当利回りは４％（＝配当40円÷取得価格１０００円）になります。

● **通常の配当利回りと取得配当利回り**

	特徴	視点
通常の配当利回り	最新株価ベースで算出	これから株式市場で買う人にとっての投資リターン
取得配当利回り	自分の取得価格ベースで算出	自分にとっての投資リターン

1年後、A社が増配を決定して配当金が50円になったとしましょう。自分の取得配当利回りは5％にアップ（＝配当50円 ÷ 取得価格1000円）します。

計算式から分かるように、**1年後の時点でのA社株価がいくらになっているかは、取得配当利回りには関係ありません**。

もし1年後のA社株価が1200円だった場合、1年後時点の通常の配当利回り（これからA社株式を買う人たちにとっての配当利回り・株式市場での配当利回り）は4・1％（＝配当50円 ÷ 最新株価1200円）になります。

しかし自分の取得配当利回りは、取得価格の1000円をベースに計算しますから、先述のとおり取得配当利回りは5％です。

取得配当利回り（％）＝1株当たり配当金（年額）÷取得価格×100

この式の分母は固定値で基本的に変わりません（ただし、買い増しすると平均価格になります）。

分母が変わらないので、分子である配当金が増配で増えると、取得配当利回りはアップしていきます。

この例では、**自分は何もしていないにも関わらず、増配によって当初の投資額1000円に対するリターンの率（取得配当利回り）が4％から5％にアップ**したわけです。

最初に自分が支払った投資額１０００円は変わりませんが、もらえる年間配当金が40円から50円に増えたことになります。

高配当株を持っているだけで、自分は何もせずとも、その後の増配によって取得配当利回りが上がっていく。これこそが、高配当株投資の大きなメリットです。

2 取得配当利回り10％以上も夢じゃない

高配当株には「増配が行われることで、自動的に取得配当利回りと配当金がアップする」という特長があることが分かりました。

優良な高配当株を10〜15年程度保有し続けた場合、自分の取得配当利回りが10％を超えるのも、まったく夢ではありません。むしろ普通に起こり得ます。

10年で配当利回り8・8％になったＮＴＴ株

実際の例として、ＮＴＴの取得配当利回りの推移を次頁のグラフに示しました。

ＮＴＴは20年以上もの間、累進配当を継続している優良な高配当株です。１５７頁から銘柄について詳しく説明しています。

累進配当とは減配をせず、少なくとも前年の配当を維持するか、増配するかのどちらかを実施するという素晴らしい配当方針のことです。

なお、ＮＴＴは、２０２３年７月１日付で１株を25株に分割する大型の株式分割を実施したので株価が１７３円程度となり（２０２３年10月20日時点）、少額での投資がしやすくなりました。

もしＮＴＴを10年前の２０１３年12月末に買っていたとしたら、現時点でどうなっているでしょうか。

下のグラフを見ると、２０１３年末に買った場合、配当利回りは３・０％です。

これが増配によって上がっていきます。10年後の現時点で取得配当利回りは８・８％にまで上昇していることが分かります。今後の増配によって、あと数年で取得配当利回り10％に達する可能性は高いでしょう。

１株当たり配当金は、当初の１・７円から２０２３年10月20日時点で５円になっているので、約３倍に増えました。ちなみに、株価も当初の56・６円から同時点で１７３・６円へと約３・１倍になっています。

６時限目では、このような優良な高配当株を具体的に紹介しています。どの銘柄もＮＴＴと同様に、取得

● ＮＴＴの取得配当利回りの推移

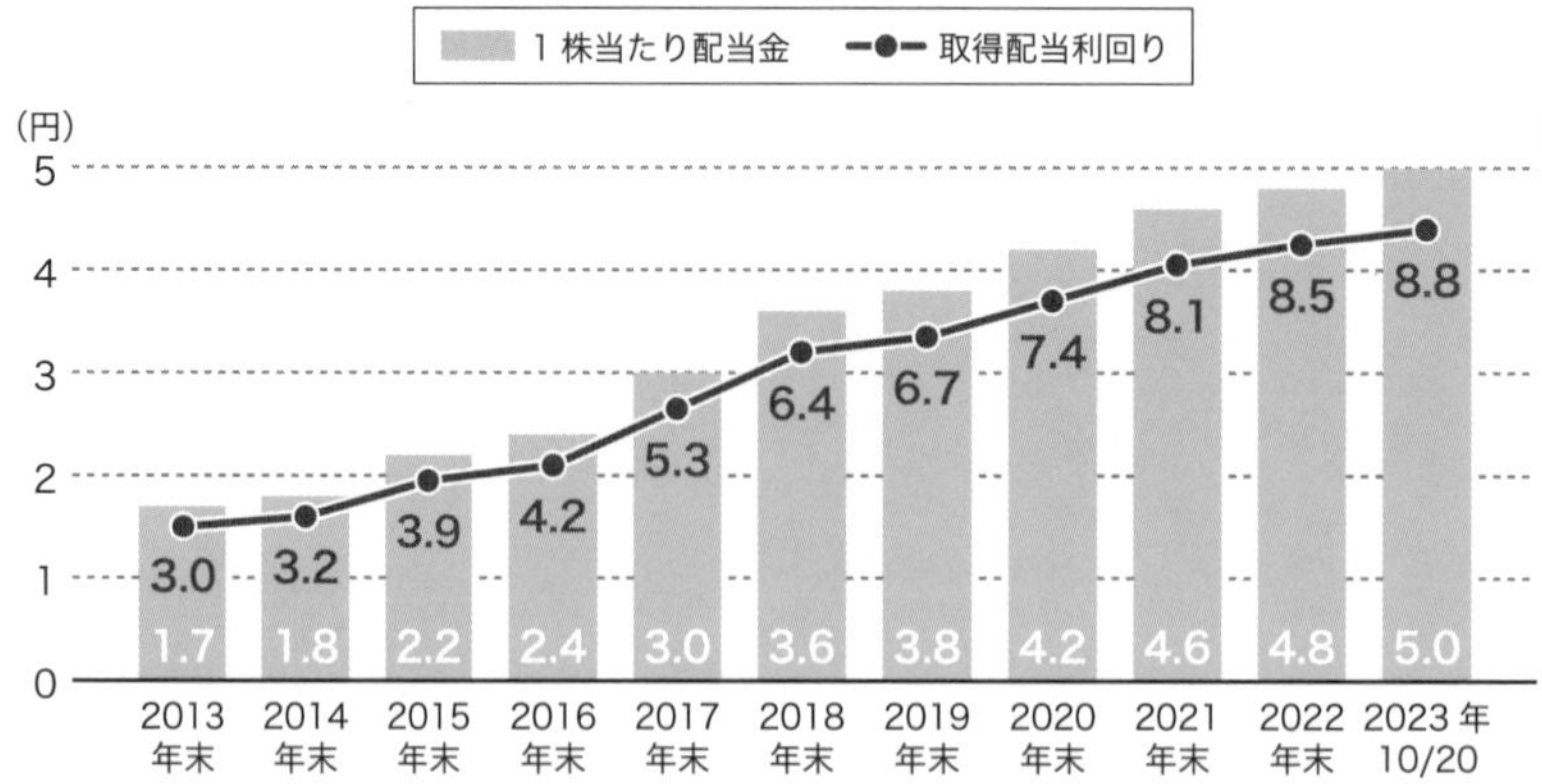

1株当たり配当金
取得配当利回り
(円)
(%)
5
4
3
2
1
0
10
8
6
4
2
0
3.0
3.2
3.9
4.2
5.3
6.4
6.7
7.4
8.1
8.5
8.8
1.7
1.8
2.2
2.4
3.0
3.6
3.8
4.2
4.6
4.8
5.0
2013 年末
2014 年末
2015 年末
2016 年末
2017 年末
2018 年末
2019 年末
2020 年末
2021 年末
2022 年末
2023年 10/20

※株式分割の影響を調整後のもの

配当利回りと配当金が上昇を続けています。

3 投資資金が少なくても大丈夫！

高配当株は、増配によって、自動的に取得配当利回りと配当金がどんどんアップしていくため、取得配当利回りが2桁を超えるのも夢ではないことを説明してきました。

これは、たとえ**投資するお金が少なかったとしても、より大きな配当金額を受け取れる**ことを意味します。

年間の配当金１２０万円（＝月額10万円）を受け取りたい場合、取得配当利回りが３％なら４０００万円の投資元本が必要（４０００万円×３％＝１２０万円）ですが、10％なら１２００万円の投資元本でＯＫ（１２００万円×10％＝１２０万円）ということになります。

※単純化のため税金は考慮していません。なお８時限目で説明している２０２４年からの新ＮＩＳＡを活用すれば、無期限で非課税での投資が可能です

時間を味方につけて大きく育てよう

これが高配当株の大きなメリットである、取得配当利回りのアップが意味するところです。高配当株投資が持っている「人生を変える力」は、この点にも現れています。

高配当株投資は今すぐ成果を手に入れることはできませんが、**時間を味方にして将来を見据えることができるのなら、投資資金は相対的に少なくても大丈夫**なのです。

「月額10万円の配当金が欲しいけれど、一般的な配当利回り3％で計算してみたら投資元本4000万円も用意しなければならないのか」「それなら、やっぱり自分には無理だなぁ」と諦めないでください。優良な高配当株に投資すれば保有しているだけで、増配によって取得配当利回りと配当金が自動的にアップし、大きく育ちます。

取得配当利回りが10％に育てば、投資元本は1200万円でOKです。20％なら投資元本600万円、30％なら投資元本400万円になります。

もちろんあくまで一例です。ここで言いたいのは、元本が少なくても**毎月数千円、数万円の投資を継続し、すぐに成果を求めようとしないことが重要**だということです。

高配当株にコツコツと投資しながら、自分の取得配当利回りと配当金が少しずつ育っていくのを見守るのは、とっても楽しいですよ！

ここがポイント

- 増配によって取得配当利回りと配当金がアップ
- 累進配当とは、減配をせず、前年の配当を維持するか、増配するかのどちらかを実施する素晴らしい配当方針
- 元本が少なくても、待てば大きく育つ。継続することが大事

05 魅力⑤ インカムゲインとキャピタルゲインの両方をゲット

1 増配と株価上昇のサイクル

投資で得られる利益には2種類あります。**インカムゲイン**と**キャピタルゲイン**です。インカムゲインとは**資産を保有していることで得られる収益**のことで、株式なら配当金、債券や預金なら利子を意味します。キャピタルゲインとは購入時よりも売却時の方が株価が高くなっていた場合の株価の差分、つまり**株価上昇による売却益**です。

高配当株投資の主な目的は配当金（インカムゲイン）を手に入れることですが、実は、**株価上昇による利益（キャピタルゲイン）も得られる一挙両得の投資法**なのです。

なぜ高配当株投資でインカムゲインとキャピタルゲインの両方を得られるのか、その仕組みを理解しましょう！

なぜなら、**増配の発表があれば基本的に株価は上昇する**からです。「配当金を増やします」と言ったら、通常はその企業の株式を買いたい人が増えるので、株価も上がります。当たり前のようですが、意識しておきたいポイントです。

これを配当利回りの観点から見ると、次のようなサイクルになります。

増配する
↓
配当利回りがアップ
↓
投資家の人気が高まり株価が上昇
↓
株価上昇で配当利回りがダウンし増配前の水準に戻る

配当利回りと配当金・株価の関係（17頁参照）を復習すると、このサイクルを理解しやすくなります。

配当利回り（％）＝1株当たり配当金（年額）÷株価×100

配当金が増えれば、配当利回りもアップ
配当金が減れば、配当利回りもダウン

株価が下がれば、逆に配当利回りはアップ
株価が上がれば、逆に配当利回りはダウン

現在の株価が2500円で、1株当たり配当金を年間100円出しているA社を想定してみましょう。A社の配当利回りは4%（＝100円÷2500円）になります。

A社が100円から110円へ配当金を増配することを発表した場合、通常のケースでは次のような株価と配当利回りのサイクルが起きます。

増配で配当利回りが4%から4・4%へアップ（110円÷2500円）
↓
「配当利回り4%だった株式が4・4%の水準で買えるなんてお得だ」と買い注文が入る
↓
株価が2500円から2750円に上昇
↓
配当利回りは以前の水準の4%（110円÷2750円）に戻る

ここでの注目ポイントは、最後の段階で配当利回りは以前の水準に戻っていますが、**株価は2750円にアップしたまま**だということです。

この増配からの株価上昇のサイクルが翌年以降も繰り返されると、配当金と株価はどんどん上昇していきます。

2 1年前の配当金額からの増減を示す増配率

増配率とは、その企業の配当金が1年前の配当金からどれくらい増減しているかを割合（%）で示したもので、次の式で計算します。

増配率（%）＝1株当たり配当金÷前年の1株当たり配当金

今期の配当金が1株当たり110円、前年の配当金が100円だとすると、増配率は10%（＝110円÷100円）になります。今期の配当金が90円、前年の配当金が100円なら、増配率はマイナス10%です。

3 増配額に惑わされず、増配率に着目しよう

増配率は配当が増減した変化率ですが、増配額は配当がどのくらい増減したか、差分の金額を示します。

1株当たり配当金が100円から110円になった場合、増配額は10円（＝110円−100円）となります。

増配について考える際には、増配額の方に目が行きやすいです。配当金が１００円から１１０円になったら、「配当金が10円増えたぞ、嬉しいな」と思いがちです。

しかし、**増配の影響やインパクトを測るには、増配率を基準**に考えましょう。

次の２つのケースは、どちらの方が株主にとって良いと言えるでしょうか。

❶ １株当たり配当金１０００円を１１００円に増配
❷ １株当たり配当金20円を23円に増配

増配額で考えると、❶は１００円の増配、❷は３円の増配なので、比べると❶の方が良い気がしますね。

増配率で考えてみましょう。❶は10％（＝１１００円÷１０００円）、❷は15％（＝23円÷20円）の増配率なので、株主にとっては、実は**❷の方が良い**のです。

仮にもともとの増配前の受け取り配当金が❶も❷も同じ1万円だったとすると、増配後の❶は1万１０００円の配当金、❷は増配後は1万１５００円の配当金になります。

増配額は分かりやすいという利点がありますが、増配の影響やインパクトを考える際は、見かけの絶対額の大きさに惑わされず、**増配額ではなく、増配率で見る**のがポイントです。

4 増配率＝株価上昇率

増配と株価上昇のサイクル（52頁参照）をもう一度確認しましょう。

増配する
↓
配当利回りがアップ
↓
投資家の人気が高まり株価が上昇
↓
株価上昇で配当利回りがダウンし増配前の水準に戻る

増配による株価上昇の程度ですが、通常は、増配発表前の配当利回りの水準に戻るまで株価が上昇することが想定できます。

この場合、「**増配率＝株価上昇率**」が成り立ちます。

先ほどのA社の例で考えてみましょう。現在の株価は2500円、1株当たり配当金は年間100円、A社の配当利回りは4％（＝100円÷2500円）でした。

その後配当金が100円から110円になったとします。増配率は10％（＝110円÷100円）です。A社は増配で配当利回りが4％から4・4％（＝110円÷2500円）にアップしました。

以前の水準と比べてお買い得なので、A社株式に投資家から買いが入ります。ここから株価が上昇して、配当利回りがダウンし、以前の水準に戻ることが予想されます。

以前の水準の4％まで配当利回りが下がるためには、株価が2750円（＝110円÷4％）まで上昇することになります。よって、株価上昇率は10％（＝2750円÷2500円）です。「増配率＝株価上昇率」を確認できましたね。

これは比率に基づくので、増配率が3％でも5％でも結果は同じです。

もちろん、そのときの株式市場の動向次第で例外はあり得ますが、通常の場合、増配率＝株価上昇率が大体は成り立つことを覚えておくと便利です。

逆に増配を繰り返しても株価が上昇しないなら、株式市場での配当利回りが5％、7％、9％……とお買い得度が異常にアップしていくことになるので、増配し続けて株価が上昇しないことは考えにくいです。

つまり、増配率10％が毎年続けば、株価も10％ずつ毎年上昇していくことになります。**高い増配率の会社は、株価の上昇率も高くなる**わけです。

これが、高配当株投資の増配によって配当金（インカムゲイン）も株価上昇（キャピタルゲイン）も、両方の恩恵が得られるカラクリです。

5 増配率の目安

企業の増配率は一体どれくらいあれば良いのでしょうか。

増配率の数字の水準についてはいろいろな考え方がありますが、大体の目安として、下の表のように考えています。

増配率の数字だけをもって増配を評価するわけではないので、「増配率3％未満は一律にけしからん」ということではありません。ただ、自分が考えて決断した投資先である高配当株企業が、増配率10％以上の増配を発表してくれたときは、素直にとても嬉しくなります。

6 増配率と72の法則

38頁で紹介した「72の法則」を覚えていますか？　72を複利の利率で割れば、元本が2倍になるまでの年数が分かるというものでした。

配当金は前年の配当金に積み重なって増えていくので、**増配率**

● **増配率を考える際の目安**

増配率**1%**	増配は本当にありがたいが、もう少し頑張って
増配率**3%**	最低限のレベルはクリア。惜しいところ
増配率**5%**	合格点
増配率**10%**以上	素晴らしい！　ありがとう！

5%というのは、5%複利で増えるのと同じ意味です。

つまり高配当株への投資を検討する際、今後その会社が平均して年何%の増配率を続けられそうかの数字を想定すれば、72の法則を使って配当金が2倍になる年数が分かります。

たとえば年5%複利で増える金融商品の場合、72÷5＝14・4なので、2倍になるのは約15年後であることが分かります。

年数が見えることで投資へのモチベーションが向上し、長期的観点で投資を続けることへの手助けになるので、ぜひ覚えておいてくださいね。

なお、配当金が2倍になれば、取得配当利回り（45頁参照）も2倍になります。

7 累進配当ブラザーズの増配率

増配率の実例として、実際の会社の増配率を見てみましょう。

減配しない「累進配当ブラザーズ」の直近3年間の増配率は、次頁表のとおりです（2023年10月20日時点）。

「累進配当ブラザーズ」とは私が付けた名称で、累進配当を公約

● **増配率と72の法則**

増配率**1%**	配当金が2倍になるまで**72**年（＝72÷1）
増配率**3%**	配当金が2倍になるまで**24**年（＝72÷3）
増配率**5%**	配当金が2倍になるまで**14.4**年（＝72÷5）
増配率**10%**	配当金が2倍になるまで**7.2**年（＝72÷10）

● 累進配当ブラザーズの増配率

社名	三菱商事			三井住友FG		
決算期	22/3期	23/3期	24/3期	22/3期	23/3期	24/3期
配当金（円）	150	180	200	210	240	250
増配率	11.9%	20.0%	11.1%	10.5%	14.3%	4.2%
3期平均増配率	14.4%			9.7%		

社名	NTT			東京海上HD		
決算期	22/3期	23/3期	24/3期	22/3期	23/3期	24/3期
配当金（円）	4.6	4.8	5.0	85	100	121
増配率	9.5%	4.3%	4.2%	26.9%	17.6%	21.0%
3期平均増配率	6.0%			21.8%		

社名	三菱HCキャピタル			積水ハウス		
決算期	22/3期	23/3期	24/3期	22/1期	23/1期	24/1期
配当金（円）	28	33	37	90	110	118
増配率	9.8%	17.9%	12.1%	7.1%	22.2%	7.3%
3期平均増配率	13.3%			12.2%		

社名	オリックス			稲畑産業		
決算期	22/3期	23/3期	24/3期	22/3期	23/3期	24/3期
配当金（円）	85.6	85.6	94	110	115	120
増配率	9.7%	0.0%	9.8%	74.6%	4.5%	4.3%
3期平均増配率	6.5%			27.8%		

※24/3期・24/1期は会社予想の配当金

していたり、長年継続していたりする優良な高配当株企業群を指します。

低めの年もありますが、増配率10％に迫る年や10％超えも見受けられます。なんと増配率20％を超えている年もあります。各社とも株主還元の意識がかなり高いです。

高配当株の増配率は、インカムゲイン（配当金）の増加と、キャピタルゲイン（株価上昇）の増加に直結することは先述したとおりです（56頁参照）。

そのため、理想的なのは、**減配しない、かつ高い増配率を継続している、かつ将来も継続すると考えられる高配当株**です。そしてその一つの答えが、減配しない累進配当ブラザーズなのです。各銘柄については6時限目（150頁参照）で詳しく解説します。

あくまでも高配当株投資のメインの目的は配当金ですが、増配したら株価が上がる、**増配率＝株価上昇率**が大体成り立ちます。そのため、インカムゲインに加えて、半ば自動的にキャピタルゲインも付いてくるのは、高配当株投資の嬉しい点です。

ここがポイント

- 増配 → 株価上昇が繰り返されることでインカムゲイン、キャピタルゲインの両方をゲット
- 増配額だけではなく増配率もチェック
- 増配率＝株価上昇率
- 増配率の目安はざっくりと3％以上

06 魅力⑥ 減配さえ避ければ負けることはない

実は、**高配当株投資は、減配さえ避ければ負けることはありません。**

なお、負けないとは、投資した元本以上のリターンが最終的に得られるという意味です。投資したお金が１００万円だったら、それが最終的に１００万円以上の価値（配当金を含む）になれば負けていません。

減配がないという条件付きではありますが、この場合、高配当株投資の勝率は１００％です。まさに、必勝です。減配さえ避ければ、高配当株投資は負けることがないのは、なぜでしょうか。

減配を避けるというのはつまり、増配または配当維持を意味します。裏を返せば、**増配または配当維持なら負けない、必ず勝つ**ということです。

高配当株投資は減配さえ避ければ負けないことは、大事なポイントとして、常に意識しておいてください。

高配当株投資の負けない理由はなんなのか、減配以外のケース（＝増配または配当維持）別に考えてみましょう。

1 増配の場合

これは、２時限目05（56頁参照）のとおりです。増配すれば、配当利回りがアップし、人気が高まり買いが入って株価は上昇します。よって増配の場合、負けることはありません。

2 配当維持の場合

配当利回りの上昇によって株価が下げ止まる

２時限目03（40頁参照）に記載のように、**高配当株は高い配当利回り自体が株価下落へのブレーキとして働き、株価が下がりにくい特長**がありましたね。

配当利回り（%）＝１株当たり配当金（年額）÷株価×１００

配当金が維持されている状態で、分母である株価が下がれば、逆に配当利回りは上がります。

つまり配当維持の場合、高配当株は株価が下落しても配当利回りの上昇によって、まるで天然のセーフティネットのように、ある程度のところで株価が下げ止まります。

配当金で投資元本を回収できる

現在の株価が1000円で、配当金を年間40円出しているA社を想定してみましょう。配当利回りは4％（40円÷1000円）です。

A社株式を1株買ったとします。株価1000円なので、投資金額は1000円です。配当利回りは4％、年間配当金が40円なので、**1年で40円（＝投資金額の4％）**を回収することができます（単純化のため税金は考慮していません）。

この場合、A社が増配をせず、ずっと配当金が40円の場合でも、配当金を25年受け取れば投資金額の1000円を回収できます（年40円×25年＝1000円、または4％×25年＝100％）。

当初投資金額の全額100％を回収したら、株式時価やその後の配当金はすべて利益となるため、負けはなくなります。

しかも、この試算は投資元本を全額回収することを見込んでいます。株価が1円（≒100％ダウン）になった場合でも負けないという前提での話です。

株価が100％まで下がることは、めったにありません。つまり実際には、**株価が当初より下がった分（含み損）を配当金で回収できたら負けていない状態**と言えます。

右記A社の当初株価1000円がマイナス20％になったら、株価は800円で、含み損は

２００円になります。配当維持の場合、年40円を配当金で回収できますから、含み損２００円は5年で回収できます。

もし株価が半値50％ダウンの大幅下落になったとしても、配当が維持されていれば約13年（＝含み損50％　÷　配当利回り４％）で回収可能です。

なお、配当維持の場合でこの回収期間なので、少しでも増配があれば期間はもっと早くなります。

もっと言えば、仮に減配があっても無配にならない限りは配当金があります。回収期間は長くなってしまいますが、将来的には含み損分は配当金で回収できてしまいます。

よって配当維持の場合、高配当株は株価が下がりにくい点に加え、下がった分の含み損についても配当金で回収できるため、負けることはないといえます。

高配当株投資のように、長期的に見てこんなに勝てる可能性が高い投資法は、ほかにはなかなかありません。

なお、減配を避けるための方法については、3時限目04（84頁）で詳しく解説しているので、そちらをご覧ください。

ここがポイント

- 減配がなければ（＝増配or配当維持）、高配当株投資では負けることがない
- つまり、減配さえ避ければOK！

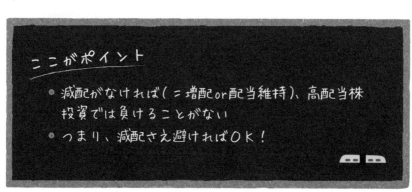

07 魅力⑦ 基本的に保有し続けるだけ

1 持ち続けるだけの安心感

高配当株投資では、高配当株を買ったあとは**基本的に保有し続けるだけ**です（ただし減配があれば要対応、詳しくは124頁参照）。

株式の売却タイミングを狙って、株価の上下に一喜一憂する必要もありません。

高配当株は、配当金が維持または増配されている限りは、仮に購入時の株価よりも値下がりして一時的に含み損の状態になっても大丈夫です（64頁参照）。

配当金が維持または増配されている以上、高配当株の株価が大

高配当株投資は、基本的には誰もが知ってるような超大企業の高配当株を買って持ち続ける。
これだけです！

き く下落してしまうことはほとんどありません（40頁参照）。そのため、**大きな含み損を抱える可能性は低い**です。

そして、配当金が維持または増配されている間は、何もしなくても、無期限で配当金を受け取れます。高配当株を保有している期間、受け取り配当金の累計金額はどんどん増えていきます。

この**保有している間の安心感、ある意味ほったらかしでもＯＫ**という点は、高配当株の大きな魅力です。

2 誰もができる再現性の高さも魅力

株価に比べて配当金の値動きは小さい

株価が株式市場で大きく変動するのに比べれば、配当金の変動は比較的小さめで、一度設定されると値を下げにくくなる**下方硬直性**も働きます。企業はできるだけ減配したくないからです。海外機関投資家を含め、株主・投資家からのプレッシャーも働きます。

盤石な財務基盤を持つ高配当株企業が投資対象

投資対象とする高配当株は、６時限目（１４９頁）で紹介しているような大型株（超大企業の株式）がメインです。当然財務基盤も固く、安定して配当金を出す能力が高い企業ばかりです。

高配当株投資は、三菱商事や三井住友フィナンシャルグループ（三井住友銀行の持株会社）など**超大企業の高配当株を買って、その後は保有し続ける**。端的に言えば、これだけです。

つまり、**高配当株投資は、誰もが真似しやすく実行しやすい、再現性が高い投資法**なのです。再現性が高ければ、今からその手法で投資をしても、過去と同じような優れた投資成果を得られる可能性が高くなります。

特別なスキルは必要なし

ほかの投資法（次頁表参照）と比べてみましょう。たとえばデイトレードであれば個人の技量や反射神経によります。グロース株投資では株価が上がる個別株を毎回外さず選ぶのは難しいです。

インデックス投資も株式市場全体に投資して最終的に売却益を得る手法なので、株式市場の値動きに左右されます。もし投資期間の最後に暴落がやってきてしまったら、投資成果は台無しです。いずれの投資法も、再現性の面で疑問符がつきます。

高配当株投資は、買ったあとは持ち続けて配当金を得ることを主な目的としています。配当金は株価に比べると変動が小さく相対的に安定していることに加え、大型の高配当株へ投資することで、さらに安定感を上げることができます。これらは特別なスキルを必要とせず、誰にでも再現可能です。

● 投資法別の再現性

投資法	内　容	再現性
デイトレード	一日単位で株式売買を何度も繰り返す。職人的技法・反射神経が必要で、勝つこと自体が常人には困難	×
グロース株投資	売却益狙いで個別のグロース株に投資。株価が上がる個別株を選ぶのは困難	×
インデックス投資	インデックス（市場全体）への投資。投資成果は、投資期間中の株式市場の動きに大きく左右される	▲
高配当株投資	高配当株への投資で配当金を得る。株価の値動きに比べて、相対的に配当金は安定	◎

ここがポイント

- 高配当株投資は基本的に保有し続けるだけ。株価を心配する必要も、売却タイミングを考える必要もなし
- 高配当株投資は特別なスキルは不要で、誰でもできる

08

魅力⑧　株主還元意識の高まり

1　株主還元＝企業の利益を株主に配分

株主還元とは、配当金や自社株買いによって、**企業が事業で得た利益を株主に対して配分・還元すること**です。

日本企業の株主還元の意識は低かった

日本企業は高度経済成長期やバブル経済、その後のバブル崩壊による低迷期など、長年の間欧米企業に比べて、株主還元や株主そのものに対する意識は非常に低い状態でした。そのため、株主への配当金や配当利回りも低く抑えられていました。

株式会社という資本主義の仕組みを使って、株式を公開し証券取引

高配当株投資には、
大きな追い風が
吹いています！

所に上場しているにも関わらず、過去の成功体験に引きずられ、あたかも会社は社長や社員のものであるかのような感覚で、株主は後回しにされていたのです。

「会社は株主のものである」意識の浸透

しかし近年、特にここ10年ほどで、その状況は大きな変化を見せています。

日本企業は、グローバル企業との激しい競争、それに負けないための資本効率向上の必要性、外国人投資家や投資ファンドからの圧力、東京証券取引所の改革など、さまざまな要因によって**株主還元意識が急激に高まってきています。**会社は株主のものであるとの考えもすっかり浸透しました。

会社の決算説明資料には、配当方針・株主還元方針が重要事項として記載され、経営者が説明するようになっています。**直近２０２２年度の株主還元の実施総額は、過去最高を記録**しました。

グローバル化が進むなか、今後もこの流れは続き、より強まっていくと見込まれます。

2 追い風の投資環境で配当金をゲットしよう

今や企業の経営者は、減配を極力避けるように努力し、増配を心掛けています。

株主還元を怠れば、投資家から容赦なく自社の株式を売られ株価が下がります。資金調達が困難になり、敵対的な企業買収を仕掛けられる恐れも出てきます。

株主還元の重視はもはや常識・当たり前のレベルと言って良く、一流企業は、増配や株主還元の内容をライバル企業と競い合っている状況です。減配しない累進配当の広がりはその一環でもあります。

このような**株主還元意識の高まりは、株主への配当金を増やす方向に作用**します。高配当株投資にとっては大きな追い風です。フォローの風は強まることはあっても、もはや弱まることはないでしょう。

現在、高配当株投資家には絶好の投資環境です。高配当株投資でこのフォローの風に乗り、たくさんの配当金を手に入れましょう！

ここがポイント

- グローバル化が進み、日本企業の株主還元意識はアップ
- 高配当株投資家にとっては絶好の投資環境が続く見込み

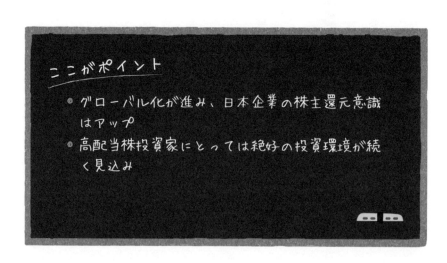

3時限目

投資リスクと対応策

高配当株投資の魅力をお伝えしてきましたが、高配当株投資も投資です。当然リスクがあります。
この章で投資リスクをしっかり把握して、対応していきましょう！

01 配当利回りだけで選ぶのはNG

1 株価が下がると配当利回りが上がる

高い配当利回りだけを見て買ってしまうと損をしやすくなります。

「おっ、この会社は配当利回りが5%もある、たくさん買っておこう！」と飛びつき、業績悪化が進んで減配を発表、株価下落で損失に、という流れは典型的なケースです。

配当利回りは、次の式で計算しましたね。

配当利回り（%）＝1株当たり配当金（年額）÷株価×100

式を見れば、株価が大きく下がった場合、配当利回りが異常に高

ついつい
やってしまいたくなる
飛びつき買いはNGですよ！

くなることが分かります。

業績悪化は株価を下げる大きな要因

株価が大きく下がる理由として、**業績が悪化しているため、もしくは業績悪化の見込みがあると投資家から判断されているため**、が挙げられます。この場合さらに下がる可能性が高いため、単純に高い配当利回り「だけ」を見て、飛びつき買いをするのは危険です。

2 業績動向のチェックも忘れずに

このリスクへの対応は、そんなに難しくありません。

まずは、**高い配当利回りだけを見て買うと損をしやすいというリスクを認識しておく**こと。そして、自分が投資する高配当株を選ぶ際には、**配当利回り以外にその企業の業績動向なども合わせてチェックし総合的に判断する**こと（117頁参照）。以上2点を実践することで、このリスクは避けることができます。

ここがポイント

- 業績悪化が原因で株価が下がり、配当利回りが跳ね上がっているケースも多いため、高い配当利回りに惹かれて飛びつくのはNG
- 業績動向も合わせて調べよう

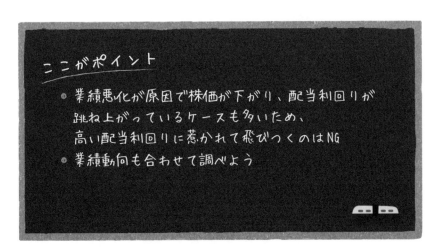

02 「高配当株投資はキャピタルゲインを得にくい」は間違い

高配当株投資は「キャピタルゲイン（51頁参照）を得にくい」「機会損失リスクがある」というネガティブな意見がありますが、私はこれはまったく違うと考えています。

よく高配当株投資のデメリットとして言われる点なので、本当にそうなのか検証してみましょう。

1 高配当株と「何」を比較しているのかが重要

高配当株投資がキャピタルゲインを得にくいとされる主な理由は、高配当株は成熟した大企業であることが多く、利益成長も緩やかで、株価の大幅な上昇（株価が10倍になるなど）は起こりづらい、というものです。

何と何を比較しているのか
という視点を
持ちましょう！

この点を考えるときにポイントとなるのは、「高配当株と『何』を比べてデメリットと言っているのか」、つまり**「比較対象は何なのか」**という視点です。

高配当株へのネガティブな意見の中には、この比較対象が不明瞭であったり、明確に意識されていなかったりすることが多いです。「何と比べているのか」を意識すると、より分かりやすくなります。

高配当株投資とインデックス投資を比べているのか、それともグロース株（成長株）投資と比べているのか、そもそも比較できるケースなのか、などの視点を持って考えてみましょう。

キャピタルゲインの得にくさはグロース株との比較

「キャピタルゲインを得にくい」というのは、高配当株と何を比較しているのかと言えば、**グロース株（成長株）**ですね。新興市場の小・中型株などです。企業の規模が小さめで、業績の成長率が高く、株価の変動が激しい株式として知られています。短期でテンバガー（株価10倍）になる新興企業もあります。

グロース株の株価上昇力を念頭に高配当株とグロース株を比べたら、キャピタルゲインを得にくいと言いたくなるでしょう。

しかし、グロース株と比べたら株価の上昇が鈍いというのは、インデックス投資も同じです。インデックス投資は株式市場の平均である指数に連動する投資だからです。つまり、高配当株投資とインデックス投資を比較する場合、キャピタルゲインの得やすさに優劣の差はありません。

あくまでも高配当株とグロース株を比較した場合のみ、キャピタルゲインの少なさがデメリットとなるということです。

各投資法のリスクを総合的に判断しよう

他方、グロース株投資には**その他のさまざまな大きなリスク**があります。株価の上下が激しく不安定、大きな損失になりやすい、配当がない（もしくは非常に少ない）、株価が上昇する銘柄を選び出すことがそもそも困難、などです。

よって、高配当株とグロース株を比べてキャピタルゲインを得にくいという点だけを取り出すのはフェアではありません。

また、キャピタルゲインのメリットのみをもってグロース株が高配当株より有利ということにはなりません。ほかのリスクについても、総合的に比較する必要があります。

2 配当金も得られることを考えれば上昇率は十分

2時限目05（51頁参照）で述べたように、そもそも高配当株投資はインカムゲイン（配当金）に加えて、**キャピタルゲインも得ることができる投資法**です。

たとえば、直近10年間で高配当株の**三菱商事の株価は約3・4倍**、**東京海上ホールディングスの株価は約2・9倍**に上昇しています（2023年10月20日現在）。

テンバガーにはならずとも、この株価上昇の度合いは、高い配当利回りの配当金も重ねて受け取っていることを考えれば、十分な上昇と考えられるのではないでしょうか。

ここがポイント

- 高配当株のキャピタルゲインの得にくさは、グロース株と比較した場合に限られる
- 投資法のリスクを総合的に比較することが大事
- 株価上昇の実績のある高配当株も多く、高配当株投資はキャピタルゲインも得られる投資法といえる

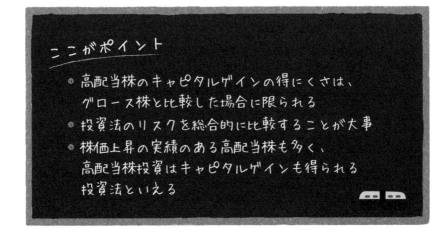

03 配当金への課税で複利効果は減少するか

配当金や分配金を出す高配当株などの投資商品は、その都度配当金（分配金）に課税されます。これでは複利効果が減少して不利、機会損失リスクがあるのではないか。これも高配当株投資に対してよく言われるネガティブな意見です。なお、分配金とは投資信託が出資者に支払うもので、株式の配当金と類似のものです。

つまりは課税を避け複利の効果を最大限に得るため、分配金を出さないインデックス投資など、配当金や分配金を出さないものに投資すべきとの考え方です。

果たして本当にそうなのでしょうか。

インデックス投資などの投資商品との"単純比較"には気をつけてください！

1 投資対象が異なれば単純比較は難しい

配当金（分配金）が出るから課税で不利という話が当てはまるのは、**投資対象が同じで、配当金や分配金の有無で比べた場合**です。

たとえば投資信託A（投資対象は米国の株式指数）があって、そのAのうち、

- **分配金を出すもの（投資信託A❶）**
- **分配金を出さないもの（投資信託A❷）**

この2つを比較して、どちらが投資効果が高いのかを比べた場合は、投資信託A❶より投資信託A❷の方が分配金に課税されない分有利である、とは確かに言えます。

しかし、分配金を出さない投資信託A❷と、分配金を出す投資信託B（投資対象はインドの株式指数）、配当金を出す高配当株C（三菱商事の株式）と比較する場合はどうでしょうか（以下表参照）。

これらの3つに投資した場合、分配金が出ないから、投資信託A

● 文中の３つの投資商品

	投資対象	配当金・分配金
投資信託A❷	米国の株式指数連動	なし
投資信託B	インドの株式指数連動	あり
高配当株C	三菱商事	あり

❷を買うのが一番良いと言えるでしょうか。

もちろん、言えません。配当金（分配金）への課税はもちろん、投資する対象や手数料など異なっている点を総合的に考慮して、最終的な投資成果がどうなるか試算してみなければ比べられません。

このように、**投資する商品が違う場合、配当金や分配金の有無だけで単純比較して、配当金や分配金を出す投資商品が一律に不利だとは言えない**ことが分かります。

分配金を出さない商品でも最終的に課税される

たとえ分配金を出さない投資信託であっても、**最終的に売却して現金化する際には、結局売却益に課税される**ことが忘れられているケースも多いです。比べるなら、売却時の課税も考慮して比較する必要があります。

2 新NISAで配当金への課税が生涯ゼロに

単純比較はできないにしても、配当金には約20％課税されます（18頁参照）。手取り配当金は税金の分だけ減ってしまうのは事実です。

しかし今、投資家にとって大きな朗報があります！

それは、２０２４年1月から開始される**新ＮＩＳＡ**（少額投資非課税制度）です。

内容が大幅に拡充され、新NISAで一定の投資額までは、株式売却益や配当金の受け取り時にかかる税金が無期限で非課税となります。

この新NISAを活用すれば、**配当金をずっと非課税で受け取ることができます。**

この大注目の新NISAの詳細は、8時限目（215頁）で解説しています。

ここがポイント

- 投資対象が異なれば、配当金（分配金）への課税の有無だけで、単純比較はできない
- 一定の投資額まで売却益や配当金にかかる税金が非課税になる新NISAに注目

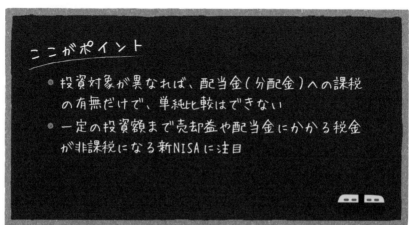

04 減配のリスクを避けるには？

1 最大のリスク「減配」

高配当株の最大のリスクは、なんと言っても減配です。高配当株投資家としては、もっとも聞きたくない言葉です。

高配当株は文字通り配当が多いので、減配リスクも相対的に高そうに見えます。この減配リスクが嫌で、高配当株への投資をしない人もいるくらいです。

しかし、ここでもう一度言わせてください。

高配当株投資は、減配さえ避ければ必勝です（62頁参照）。

だからこそ、当然減配リスクには注意が必要なものの、過度に気にするのはもったいないです。減配リスクを乗り越えて進んだ先に

減配リスクを下げる対応をしっかりとしておきましょう！

は、明るい未来が待っています。

では、どうすれば減配を避けられるでしょうか。

残念ながら100%減配を避ける方法はありませんが、次の方法により減配リスクを低く抑えることができます。

2 累進配当ブラザーズへの投資

累進配当とは減配をせず、少なくとも前年の配当を維持するか、または増配を実施するという配当方針のことでしたね。今年の配当が100円だったら、来年の配当は100円以上を出すのが累進配当です。

累進配当は先述のように減配をしない配当方針です。つまり、**累進配当ブラザーズへの投資は減配を避けることに直結**します。

もちろん、各社の配当方針の変更はあり得るので、絶対に減配しないわけではありません。が、累進配当ブラザーズへの投資は、減配を避ける有力な方法と言えます（各銘柄の詳細は6時限目参照）。

3 過去の配当実績をチェック

投資する候補の企業が、**過去に減配しているかどうか配当実績をチェック**しましょう。

過去に一時的な業績悪化で、安易に減配しているような場合、その企業には投資をしません。

過去は将来を保証するものではありませんが、過去の減配動向を確認することで、その企業の株主還元姿勢をある程度推測できます。

過去の配当実績と言っても、上場の全期間を調べる必要はありません。**ここ15〜20年程度で十分**です。遡りすぎると、その会社の今の企業風土や配当方針、株主還元姿勢などが異なっていることもあるからです。

暴落時の配当実績は必ず調べる

2008年9月のリーマンショックや2020年3月のコロナショック前後といった株式市場の暴落の際に、その企業が配当金についてどのような意思決定をしたかを確認しましょう。自社の事業環境が苦しい時期に、その企業が配当についてどんな判断をしたかが分かります。

4　適時開示情報の定期的な確認

減配は業績の悪化から予測可能

投資家にとって減配の決定は、不意打ち的に突然発表されることが多いかもしれません。しかし減配が決定される流れは、発表のかなり前から始まっています。通常は、**業績の悪化↓減配の決定**の順に起こります。

そのため、投資先企業の業績動向をウォッチしておくことで、減配の兆候を感じることができます。通常は一時的な業績悪化で減配することは少なく、**2年以上の業績悪化のあと減配に至るケースが多い**です。

業績悪化で減配する可能性が高いと判断したら、当該株式の全部もしくは一部売却、または売却はしないがこれ以上買わないなどの対応策を取ることができます。

企業の重大発表を即座にチェックできる適時開示

こういった業績動向を確認するために、**適時開示情報を定期的にチェック**しましょう。

上場企業は決算発表や合併などの重要な事項が発生した場合、東京証券取引所のホームページ（https://www.jpx.co.jp/listing/disclosure/index.html）において、遅滞なく公表するように義務づけられています。これが**適時開示**です。

適時開示で公表される決算発表などの情報を定期的に確認することで、その企業の減配の兆候をつかめる可能性が高まります。

アプリを上手く使おう

今の時代は、適時開示のチェックを手助けしてくれるアプリもあります。上場企業名を登録しておくと、その企業が適時開示を発表したら通知してくれる機能は非常に便利です。

「適時開示　アプリ」で検索するといろいろ出てくるので、上手に活用してみてください。

5 分散投資がおすすめ

高配当株を買うことは、どこか特定の会社の株式を買うことを意味します。そのため、個別株のリスクを負います。

個別株リスクとは、その企業が有する独自の事情（業績悪化など）で生じる株価下落や減配のリスクです。減配リスクは、個別株リスクのうちの一つです。

分散投資は、減配そのものを避けるというよりも、**減配となったときのダメージを小さく抑えるため**に行います。損失を軽減するために非常に効果的な方法です。

ほかの方法と分散投資を併用することで、減配リスクをより低くすることができます。

「卵は一つのカゴに盛るな」

分散投資とは、一つの株式銘柄だけに集中して投資するのではなく、**複数の銘柄に分けて投資する**ことを意味します。

「卵は一つのカゴに盛るな」は分散投資の大切さを伝える名言です。卵を一つのカゴに入れると、そのカゴをひっくり返してしまったら、卵が全部割れてしまいます。だから複数のカゴに分散して入れましょう、という意味の言い伝えです。

投資では、持っているお金を一つの株式銘柄にすべて集中投資してしまうのではなく、複数の銘柄に分散して投資しましょう、という意味になります。

分散投資をしておけば保有する株式銘柄の数が増えるので、仮に保有株式のうち1社が減配したとしても、減配で受けるダメージを小さくすることができます。

全体の投資金額が100万円で、これを10社それぞれに均等に10％（10万円）ずつ投資するとしましょう。

10社の配当利回りは各社4％で同じだったとすると、1社当たりの配当金は年間4000円（＝10万円×4％）です。投資ポートフォリオ全体

100万円での受け取り配当金は、4万円（＝1社4000円の配当金×10社）になります。

このケースで1社が減配して配当金が半分になった場合、損失は1社当たり配当金4000円の半分ですから、マイナス2000円です。この損失は、投資ポートフォリオ全体で受け取る配当金の5％（＝2000円÷4万円）になります。

よって右記ケースでは10社に分散投資したことで、減配による損失は全体の5％に抑えることができました。

このように**分散投資しておくことで、保有する株式銘柄の一部が減配したとしても、受け取り配当金全体に対するダメージを小さく抑えることができます。**

いくつの会社に分散投資すれば良いか

複数の会社に分散投資をする場合、極端な話、日経平均に採用されている225社の株式をすべて個別に少しずつ買えば、日経平均225指数に連動するインデックス投資信託を買うのと同じような分散投資効果が得られます。

しかし、225社も買うのは、現実的には手間がかかり困難です。管理も難しくなります。

それでは、高配当株のメリット（定期的な配当金や増配）を受けつつ、減配などの個別株リスクを下げるためには、どのくらいの数の会社に分散投資すれば良いのでしょうか？

これについては、バートン・マルキール氏による名著「ウォール街のランダム・ウォーカー」にて、分散投資の効果の限界が述べられています。

> シェークスピアの表現をもじって言えば、いいことがありすぎて困ることがあるのだろうか。言い換えれば、分散投資がもはやリスクを減らすための魔法の杖とはならない境界点があるのだろうか。多くの研究が示すところでは、答えは圧倒的に「イエス」である。
> （「ウォール街のランダム・ウォーカー」原著第11版256頁より引用、日本経済新聞出版）

個人投資家は10～20銘柄の保有がおすすめ

この本によると、**50銘柄を超えるとほとんどリスクは下がらなくなる**と言われています（※）。つまり、50銘柄に分散投資しても、100銘柄や200銘柄に分散投資しても、それ以上の銘柄数に投資するインデックス投信信託でも、リスクに大きな違いはなくなる、言い換えると、**分散投資をしすぎても意味がない**、ということになります。

ただ、個人投資家にとっては50銘柄という数は多すぎて、業績動向をウォッチしながら管理するのはなかなか難しいのも事実です。この本でも、10銘柄程度までは投資対象の銘柄数が増えるごとに急激にリスクが下がりますが、10～20銘柄を過ぎたあたりから、リスクの下がり方が緩やかになることが見て取れます。イメージ図を次頁に示しました。

そのため個人投資家にとっては、**自分で管理可能で、かつリスクも減る10～20銘柄程度を保有**

しておくことで、十分な分散投資効果が得られると考えています。

※出典：「ウォール街のランダム・ウォーカー」原著第11版、日本経済新聞出版、256頁

業種も分散する

分散投資にあたっては、**業種も分散する**ことが重要です。

5社に分散投資しようとして、トヨタ自動車、ホンダ、日産自動車、マツダ、スズキを投資先として選んでも、まったく分散投資になっていません。業種が5社とも自動車（輸送用機器）で同じだからです。自動車産業の事業環境が悪化すれば、多かれ少なかれ5社とも悪影響を受けて共倒れしてしまいます。

分散投資はA社がダメでも、好業績のB社でカバーすることができるように、リスク分散効果を狙うものです。**異なった業種に分散して投資**しましょう。業種の分け方にはいろいろありますが、東京証券取引所の業種分類は次頁の表のとおりです。企業の業種は、会社四季報や各種投資情報サイトなどで確認できます。

● 分散投資効果の限界のイメージ

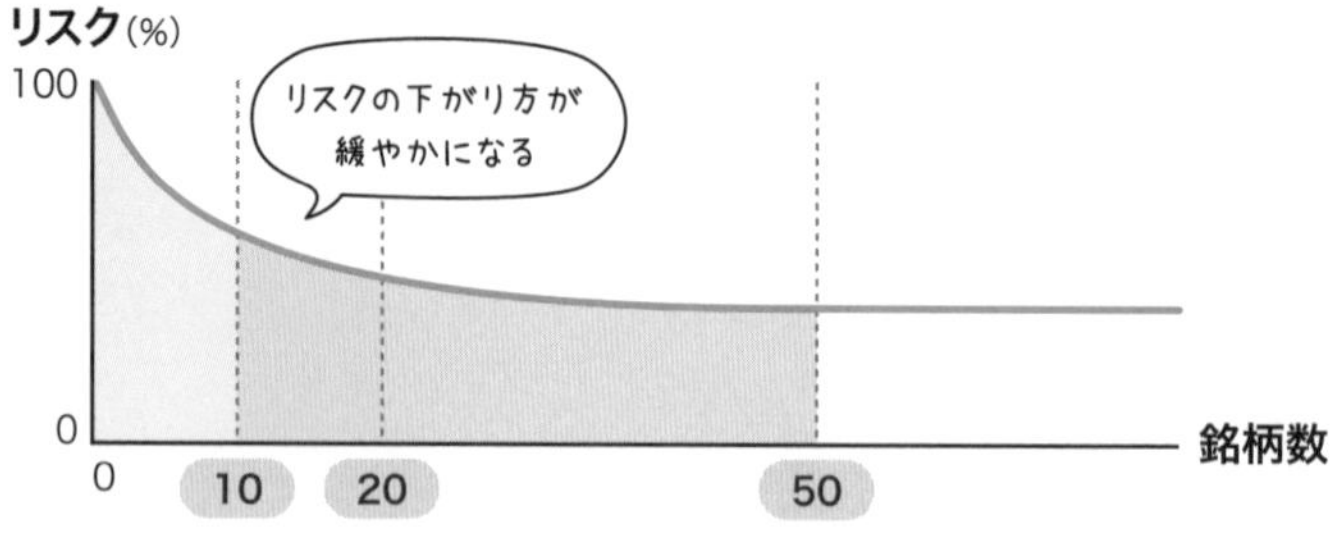

● 業種一覧

業種		
水産・農林業	鉄鋼	空運業
鉱業	非鉄金属	倉庫・運輸関連業
建設業	金属製品	情報・通信業
食料品	機械	卸売業
繊維製品	電気機器	小売業
パルプ・紙	輸送用機器	銀行業
化学	精密機器	証券・商品先物取引業
医薬品	その他製品	保険業
石油・石炭製品	電気・ガス業	その他金融業
ゴム製品	陸運業	不動産業
ガラス・土石製品	海運業	サービス業

ここがポイント

- 減配のリスクを抑えるには
  ①累進配当を実施している企業に投資する
  ②過去の配当実績を調べる
  ③定期的に適時開示情報を確認する
  ④分散投資する

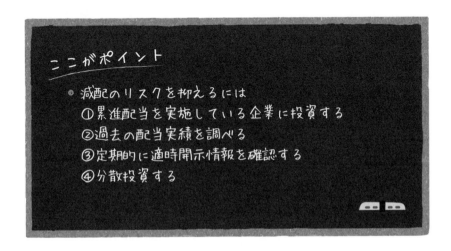

05

株価の下落・暴落が起きた場合は？

1 株式市場の暴落は必ず起こる

株式市場は世界経済の拡大に伴い、上がったり下がったりを繰り返しながら、長期的には右肩上がりを続けています（次頁グラフ参照）。

長期の傾向としては右肩上がりですが、その過程においては、**株式市場の下落・暴落は必ず発生**します。

この下落・暴落の傾向が続くと、パニックになったり、含み損の増加に耐え切れなくなったりして、持ち株を売却してしまう人も出てきます。

しかし、**これは一番やってはいけないこと**です。2時限目06

必ず来る株価下落を過度に恐れる必要はありません。ここで株価の下落や暴落についで学んでおきましょう！

（62頁参照）で見たように、**高配当株投資では減配がない限り負けることはない**からです。

外的な経済環境の悪化で株式市場全体が下がっていたとしても、個別の保有している高配当株について、減配や減配の兆候が見られない場合は保有を続け、配当金をもらい続けましょう。

株式市場全体も、いずれ下落が止まり、右肩上がりに戻ってくることは歴史が証明しています。

2 暴落時は3～4割下落する

暴落時にもパニックに陥らずに高配当株を持ち続けるためには、あらかじめ暴落について知っておくことが有効です。

コロナショックの下落率は32％

最近の暴落の事例として、２０２０年3月のコロナショックを見てみましょう。

● 日経平均株価の推移

※出典：TradingView（https://jp.tradingview.com/）

コロナショックとは、新型コロナウイルスの感染拡大による世界的な経済危機の状況下で発生した、世界の株式市場の暴落です。

下グラフの大きなくぼみが、コロナショック時の下落を示しています。直前高値と底値は次のとおりです。

コロナショック前の直前高値
2万4115・95円　2020年1月17日
コロナショック後の底値（最安値）
1万6358・19円　2020年3月19日

直前高値から底値への下落率は、**マイナス32％**です。

なお、これは日経平均株価という平均指数での下落率です。個別株では指数以上に下がった銘柄もあれば、下がらなかった銘柄もあります。

● コロナショック前後の日経平均株価の推移

※出典：TradingView（https://jp.tradingview.com/）

過去にはマイナス60%の大暴落も

100年に1度の大暴落と言われるリーマンショック時には、日経平均株価の下落率は**マイナス60%程度**にもなりました。

2008年のリーマンショックから15年以上が経過し、当時の金融システムと比べて現在は大幅に改善されていますが、過去ここまで下がったことがあるという事実は心に留めておきたいところです。

暴落時の下落率を心に留め、安易な売却は避ける

コロナショック前後での直前高値から底値への到達までの期間は約2か月。そこから徐々に回復して、直前高値を上回ったのが2020年11月6日なので、底値から直前高値の回復まで約8か月の期間を要しています。

先述の事例で見たように、株式市場の暴落時には、株価が直前高値から少なくとも**3〜4割程度は下落する可能性がある**ということを、覚悟しておく必要があります。

暴落中の底値（最安値）を当てるのは神様にしかできませんが、この下落率は一つの目安になります。

株式市場は、長期的には右肩上がりで上昇していきます。しかし、株式市場に長期投資を行うにあたって、一時的な暴落は避けることができません。

ときどき、必ずやってくる「暴落くん」の過去を知り、仲良く付き合っていくことで、投資の成果を上げていきましょう。

ここがポイント

- 株式市場は長期的には右肩上がりで上昇している
- その過程において、数年に一度は暴落が起きている
- 暴落の目安はマイナス3〜4割
- パニックに陥り、安易に売らないように注意

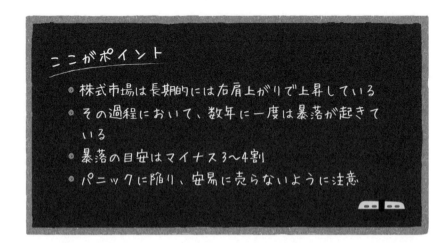

4時限目
高配当株投資の始め方

高配当株投資を始めるには何をすれば良いか、具体的な方法を解説します。何よりも重要なのは、「行動すること」です。本を読んで知識を身に付けても、行動して実際にやってみなければ、何も変わりません。

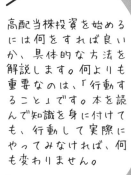

01 証券口座を開設しよう

1 ネット証券で口座を開くのが第一歩

高配当株投資を始めるにあたって、まずは**ネット証券で証券口座を開設すること**が必要です。株式の売買や保有は、この自分名義の証券口座において行います。証券口座の開設は無料でできます。

ネット証券とは、インターネットで銘柄を注文する証券会社です。

証券会社には店員との対面型の総合証券会社もありますが、手数料や利便性の点からネット証券をおすすめします（次頁表参照）。

証券口座の開設は無料でできます。最初の投資金額は1000円でも1万円でも、お好きな金額でOKです。まずは一歩踏み出して行動してみましょう！

大手のＳＢＩ証券、楽天証券、マネックス証券、ａｕカブコム証券のうち、どれか1社を選び開設すると良いでしょう。

なお、証券口座は銀行口座と同じように、複数の証券会社で開設することが可能です。

どこにするか迷ったら、無料で開設できるので、気になった証券会社すべてで口座開設しても良いでしょう。実際に使い勝手を試して、自分との相性を検討してみるのも良いと思います。

口座開設手続きはホームページから

口座開設の申し込みは、ネット証券会社のホームページからできます。その際、運転免許証などの身分証明書が必要になるので手元に準備しておきましょう。

今や各社が証券口座開設の獲得競争をしているので、各社の開設手続きの説明画面は懇切丁寧で分かりやすくなっています。完全オンラインでの申し込みも可能です。およそ次頁の図のような流れで申し込みが完了します。

● ネット証券と総合証券会社の比較

	ネット証券	総合証券
店舗	なし	あり（担当営業がつく）
取引手数料	安い	高い
国内株式	扱い銘柄多い	扱い銘柄多い
投資信託	扱い本数多い	扱い本数限定的
外国株	扱い銘柄多い	会社によって異なる

「特定口座源泉徴収あり」を選ぶ

開設する証券口座は、納税処理を簡略化できるため、原則として**「特定口座の源泉徴収あり」**を選択するのがおすすめです。

特定口座以外に一般口座もありますが、一般口座を選択すると確定申告が必須になるなど、煩雑な納税手続きが必要になってしまいます。

NISA口座の開設も忘れずに！

また、非課税メリットが受けられる**「NISA口座」**（少額投資非課税制度）も同時に開設しておきましょう。NISAの活用については8時限目（215頁参照）で詳しく解説しています。

証券口座の開設は、早ければ申し込みから1週間程度で完了します。NISA口座は、税務署での審査があるので、2〜3週間かかります。

● 証券口座開設の流れ

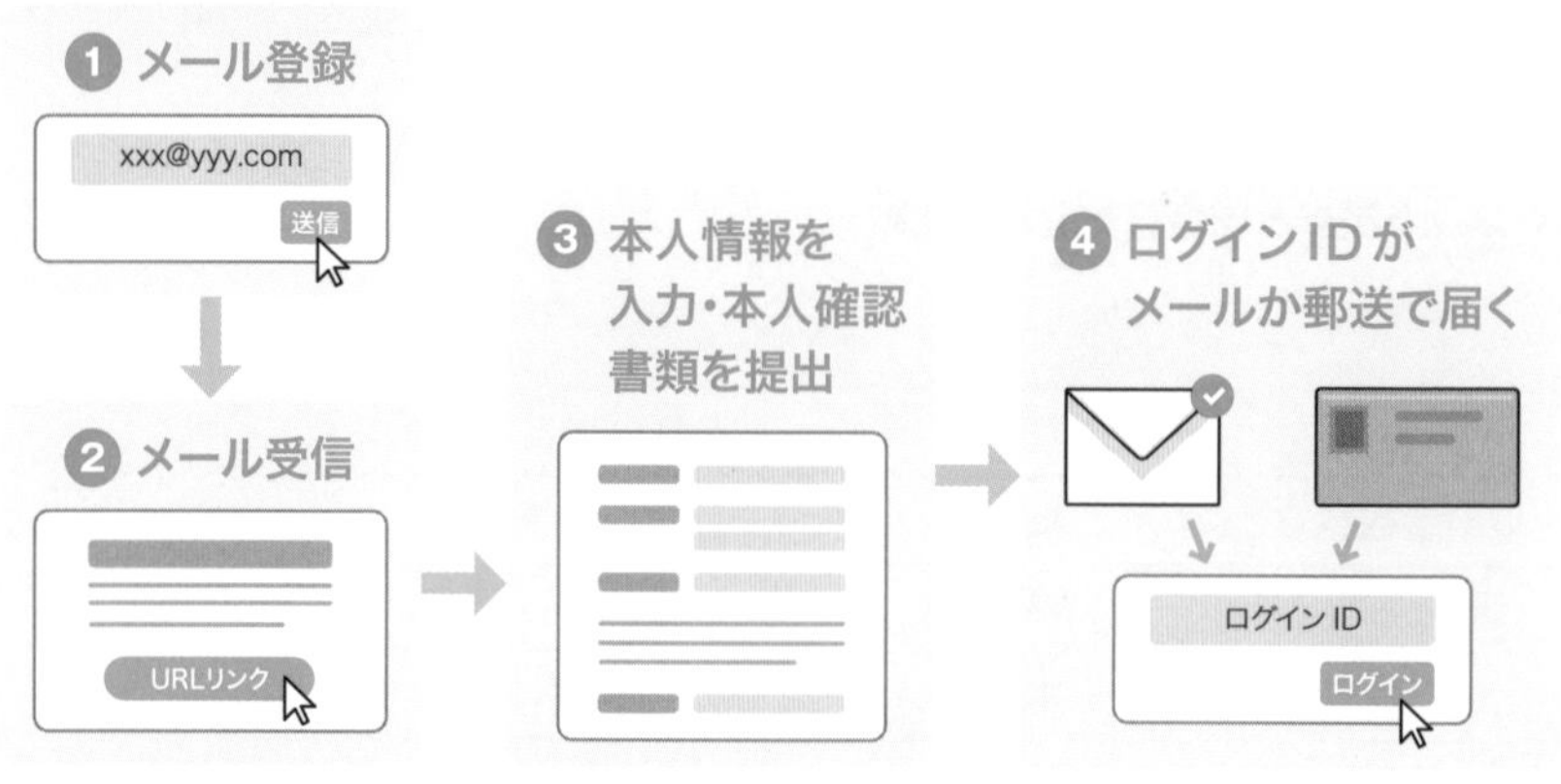
1 メール登録
xxx@yyy.com
送信
2 メール受信
URLリンク
3 本人情報を入力・本人確認書類を提出
4 ログインIDがメールか郵送で届く
ログイン ID
ログイン

※上記口座開設の流れは一例です。証券会社によって異なります

証券口座を持っていないと、株式の売買取引は原則できません。**証券口座を持つことが、投資家としてのスタート地点**です。

証券口座開設にあたっては見慣れない金融用語もあるかもしれませんが、不明な点があれば証券会社のQ＆Aページ、メールやコールセンターなどを使って質問もできますので、頑張って開設手続きを完了させましょう。

ここがポイント

- 投資をするには自分名義の証券口座が必要
- 利便性が高く、コストも低いネット証券がおすすめ
- 口座の種類は「特定口座源泉徴収あり」にすると納税処理がスムーズ

02 投資用資金を確保しよう

次に、投資用のお金を確保する必要があります。株式に投資しようとしても、元本となるお金がないと始まりません。投資用資金が確保できたら、そのお金を自分の証券口座に振り込みます。これで株式を買う準備が整います。

この投資用資金を用意するにあたっては、**天引き貯金と固定費の削減が有効**です。

1 天引き貯金を仕組み化する

投資用のお金を、天引き貯金で確保する方法を紹介します。

最初に、自分（と家族）の生活費を考慮して、投資用に毎月積み立てる金額を決めます。

投資用資金は、月5000円や1万円でもOKです。無理のない範囲で行ってください。

給料が手取り30万円だとして、そのうち月3万円を投資用に積み立てると決めたとします。

その後、給料が振り込まれたら、**ただちに3万円を自分の証券口座に移します**。そして、3万円を差し引きして残ったお金（27万円）の範囲内で、毎月生活していきます。

なお、証券口座には自分専用の銀行口座番号が割り当てられるので、銀行振り込みによって証券口座にお金を移すことができます。

銀行の自動振込システムを使おう

自分で手動で移しても良いのですが、銀行の**自動振り込みシステム**などなんらかの仕組みを利用して、自動的に送金されるようにしておくのがベストです。

やり方は簡単です。**自分の給料が振り込まれる銀行に、毎月の自動振り込みを設定するだけ**です。

給料日が毎月25日なら、毎月26日に給料受け取り用の銀行口座から、自分の証券口座へ一定の金額を自動振り込みするようにしておきます。下図のイメージです。

● 給料天引きで投資用資金を確保

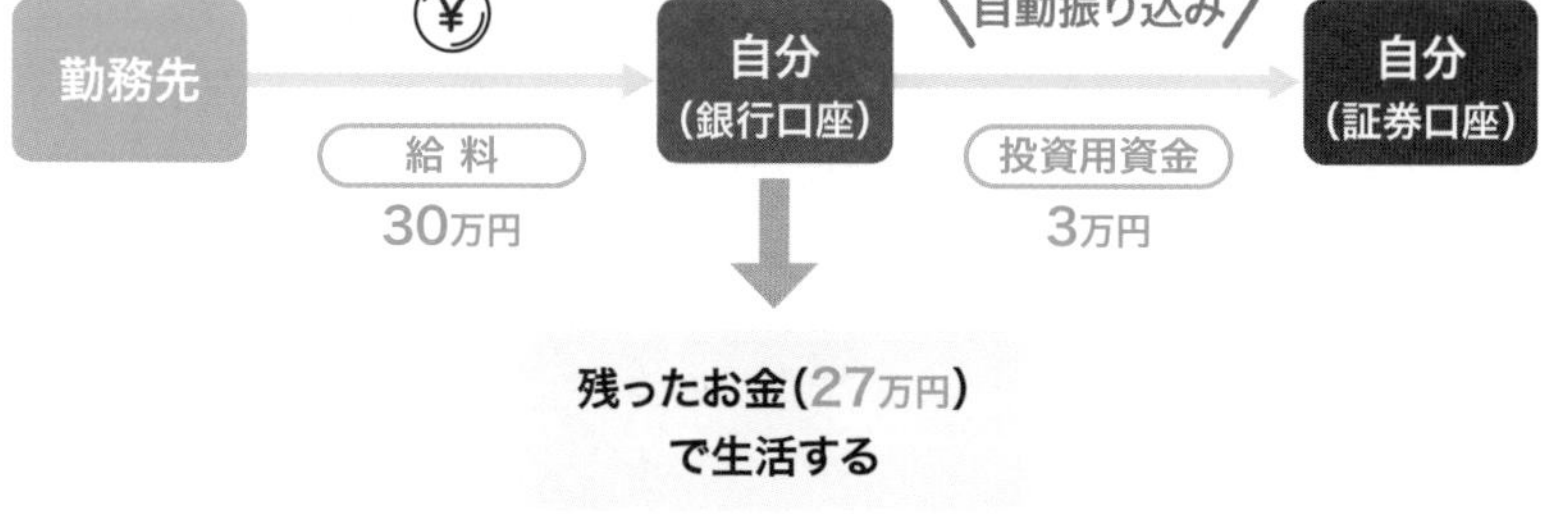

天引きされると いつの間にか資金が貯まっていく

ポイントとなるのは、**先に天引きして積み立て分を確保する**点です。間違っても給料を先に生活費にあて、残った分を貯金するという方法を取ってはいけません。人間はそんなに強くないので、この方法だとお金は残らないケースが多いです。私もそうでした。

しかし、先に天引きして積み立て分を確保すると、これが不思議なのですが、**まるで積み立てた分のお金は最初からなかったもののように感じて、残りのお金でなんとか生活できてしまいます**。ぜひ試してみてください。

給料天引きの仕組みができあがれば、証券口座には毎月少しずつ、しかし着実に投資用資金が貯まっていきます。気が付くと、大きな金額になっています。

毎月お金を天引き積み立てして、投資用の資金を確保することは、将来の投資成果・配当金を得るための基礎になります。仕組みを作って、継続していきましょう。

2 支出減は自分の力でできる

実は、**お金を増やすには次の3つの方法しかありません**。

❶ 収入を増やす
❷ 支出を減らす
❸ 投資で増やす

❶の方法は、サラリーマンであれば毎月の給料収入、自営業であれば売上高を増やすことを意味します。ただし今の世の中、簡単にはいきませんよね。自分の努力がストレートに反映されるものではないため、増やすどころか、減るケースも十分に考えられます。

支出を減らし投資資金を確保

そこで重要となるのが、「**❷支出を減らす**」です。いわゆる節約ですが、唯一自分の努力がそのまま反映される方法でもあります。

節約を嫌う人も多いですが、**節約で支出を10％減らすことは、収入増や投資でお金を10％増やすのと同じ**ことです。どちらが簡単にできるでしょうか。

収入増や投資で10％増やすのは外部要因にも左右される一方で、節約で毎月の支出を見直すことは、自力で可能です。

投資用資金の確保にあたっては、この**固定費の削減、つまり毎月の支出を減らす**ことも非常に効果的です。支出を減らして浮いたお金を、投資用資金として活用しましょう。

3 毎月かかる固定費を削減しよう

節約で月1万円の費用を削減できた場合、その効果は**受け取る配当金が毎月1万円増えるのと同じ**です。この節約の効果は非常に大きいです。

支出を減らす節約は、洋服代、食費、飲み代、レジャー費など毎月変動する費用ではなく、**毎月確実にかかる固定費を見直す**ことがポイントです。

今回が良い機会だと思って、ぜひ固定費の削減に取り組んでみてください。

以下に、代表的な固定費を挙げました。

これらを節約する方法について検討してみると、意外な費用が削減できるかもしれません。うまくいくと、合計で月数万円から10万円程度の費用を削減できる可能性もあります。

通信費

通信費で大きく削減できる可能性があるのは**スマートフォンにかかる費用**です。割安な通信プラン、格安スマホ会社への変更を検討しましょう。

インターネット料金についても、今より安いプロバイダーがないか探してみましょう。

固定電話を持っている場合は、より安い業者への変更を検討しましょう。スマートフォンだけで支障がないのであれば、解約してしまうのも一手です。

自動車関連費用

そもそも、**今の生活に車が必要かどうかを検討**します。

東京で車を持つと、車の維持費として自動車ローン、駐車場代、損害保険料、ガソリン代の合計だけでも、1か月当たり5万円以上かかります。

地方では車が必需品のエリアも多いですが、東京、大阪などの都市部に住んでいるのであれば、電車、バス、タクシーなどの公共交通機関や、レンタカー、カーシェアリングなどを利用することが可能です。

車を売却し、必要なときだけタクシーやレンタカーを利用してその費用がかかったとしても、車の維持費がなくなる分、差し引きでお金は浮きます。仕事で使ったり、損得抜きで車が好きだったりなどの特別な事情がない限り、都市部では自家用車の必要性は低いです。

生命保険料

必要以上の保障が付いた保険に加入していませんか？　高額な死亡保険や1日何万円も出る医療保険など、過剰な保障内容のものに入っていないか確認しましょう。

公的保障（遺族年金や障害年金・健康保険の高額療養費制度）でカバーできる範囲も考慮して、自分と家族にとって本当に必要な範囲の保険内容を考えます。

必要な保障額が3000万円だとして、公的保障から1000万円出るならば、残りの

2000万円について自分で民間保険に入るという考え方です。この場合、3000万円すべてを自分の保険でカバーしておく必要はありません。

電気代・ガス代

電気とガスを一つの会社にまとめるとセット割引で安くなることがあります。自身の使用量に合ったプランを調べてみましょう。

家賃・住宅ローン

固定費の多くを占めるのが住居費です。

各々いろんな事情や価値観があり、一概に言えるほど簡単ではありませんが、次の点を検討してみましょう。

- **賃貸住宅であれば、もっと安い家賃の住居に引っ越せないか**
- **持ち家であれば、住宅ローンをもっと金利の安い銀行に借り換えられないか**
- **会社の社員寮や社宅を活用できないか**
- **自分や配偶者の実家に同居することはできないか**

住宅は本人や家族の生活に与える影響がとても大きいです。できる範囲、無理のない範囲で検討してみてください。

クレジットカード

複数のカードを持っているのであれば、年会費が有料のクレジットカードを解約し、年会費無料の一枚だけにしましょう。

毎月の支払いが一つのクレジットカードに集約されると、何にお金を使ったかの把握がしやすくなり、賢い消費にもつながります。また、一つに集約することで、カードのポイントも効率的に貯められるようになります。

支出を減らす節約の効果は、非常に大きいです。ただし、**無理をする必要はありません**。頑張りすぎない程度に節約して、投資用のお金を確保していきましょう。

ここがポイント

- 天引き貯金で投資用資金を先に確保する
- 節約は唯一自分でコントロールできるお金を増やす方法
- 無理のない範囲で毎月かかる固定費を削減しよう

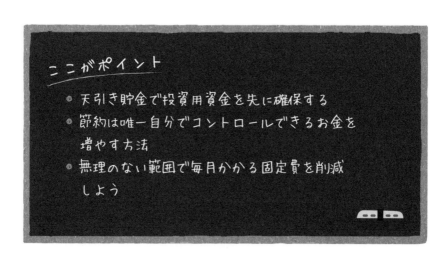

03 高配当株を買う

証券口座を開設し、投資用のお金を振り込んだら、高配当株を買う準備は完了です。証券会社のホームページから自分の証券口座にログインして、買い注文を出せば、高配当株を買うことができます。

1 自分の「買いの基準」を持つ

どの高配当株を買うかについては、自分の「**買いの基準**」を持っておくことが大切です。

あらかじめ定めた基準があれば、SNSで噂になっている株に飛びついて損をすることもありません。**買いの基準を決めることは、長期的な資産の増加に効果テキメン**です。

さあ、証券会社に
買い注文を出して、
高配当株を買いま
しょう！

次の5時限目（127頁参照）で、買いの基準について詳しく解説しています。

2 現在は1株からでも購入可能

上場企業は**単元株制度**を採用しています。単元というのは、株を売買できる最小単位です。ほとんどの企業が1単元を100株としていたため、従来は100株単位でしか買えませんでした。この場合、最小単位の100株を買う場合でも株価×100株の投資資金が必要です。株価が2000円なら、2000円×100株＝20万円が最小単位となり、少なくとも20万円以上を用意しなければ買えません。

しかし、今は各証券会社が**1株から買える仕組みを導入**しています。株価が2000円なら2000円を投資して1株買うことができます。少額から少しずつ買えればそれだけリスクも抑えられるので、初心者にとってもありがたいシステムです。

3 配当金は再投資しよう

高配当株投資をする際には、可能な限り**受け取った配当金は再投資**します。再投資とは、高配当株から受け取った配当金を使って、再び高配当株を買うということです。

配当金を再投資することで、高配当株の株数が増え、その増えた高配当株にまた配当金が出ます。配当金で買った株に対して、また配当金が支払われるわけです。複利効果で配当金がどんどん増えていきます。

資産形成の過程では、**給料の範囲内で生活し、受け取り配当金は再投資するのが効果的**です。

ただし、無理をすることはありません。必要があれば、配当金を何か別の用途に使っても、もちろん大丈夫です。

ここがポイント

- 現在は1株から購入可能。リスクを抑えながら高配当株投資を始めることができる
- 配当金は引き出さずに再投資が原則

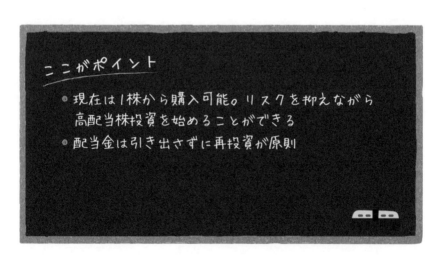

04 配当金の目標額を決めよう

高配当株投資をスタートしたら、どこまで増やすか、配当金の目標額を決めましょう。

最初は小さい額の達成を目標にして、最初の目標を達成したら、**段階的に目標を上げていく**とスムーズです。

1 まずは「月1000円の配当金」を目指す

具体的には、まず「**月に1000円の配当金**」を目指しましょう。

この目標を達成したら、次は1か月当たり3000円、5000円、1万円……と少しずつ目標を上げていくようにします。

こうすると、「よし、次は○万円の配当金だ！」と自然にやる気が湧いてきます。

さらに、その過程で実際に配当金が受け取れるようになると、たとえ最初は少額の配当金であっても、じわじわと喜びがこみ上げてきます。

この1か月当たり1000円の配当金は、たとえば三井住友フィナンシャルグループの株を買うことで実現します。

三井住友フィナンシャルグループの株を50株買った場合

- **株価約7000円×50株＝35万円の投資**
- **配当利回りは約3・5%**

⬇ **配当金＝35万円×3・5%**

＝1万2250円／年＝約1020円／月

※単純化のため配当金にかかる税金約20%を考慮せず試算
※新NISAの活用で税金がかからないようにすることが可能（217頁参照）

毎月1000円の配当金が、自分は何もしなくても継続して入ってくるとしたら、あなたは何に使いますか？

配当金は再投資するのが効率的ではありますが、自分のために使うのも有意義です。月に一度、豪華なランチを食べることにしたり、趣味の本を買ったりしても良いですね。

小さい目標達成を積み重ねて、高配当株投資のモチベーションを高めましょう。

ここがポイント

- 高配当株投資で達成したい配当金の目標額を決めよう
- まずはひと月あたり1000円の配当金を目標にして、達成したら小刻みに目標額を増やしていくとモチベーション維持に効果的

05 四半期決算で業績動向をチェック

高配当株を買ったら基本的に保有し続けますが、減配がある場合には売却を検討します。

減配の有無や減配の兆候（業績の悪化）がないかは、**企業の四半期決算発表にて公表される決算資料で確認**できます。

決算資料と聞くと、バランスシートや損益計算書の会計知識が必須になるのでは、と思われるかもしれません。

もちろん、会計知識があれば理解は深まりますが、**決算資料での業績確認は、次頁から解説するポイントを押さえることで専門家でなくてもできます**。安心してください。

企業の業績を示す
決算短信のチェック
ポイントをマスター
しましょう。

1 3か月ごとに発表される四半期決算

各種の法令や上場規則により、上場企業は、**四半期（3か月）ごとに決算（業績）を発表しなければなりません。**

3月本決算（4月1日～3月31日の1年間が決算期）の会社の場合、下表の対象期間ごとの業績について、決算発表を行います。

業績は累積で記載されることに注意

3か月ごとに区切られていますが、**業績は累計されていきます。**たとえば第2四半期決算は、7月1日～9月30日の3か月間ではなく、4月1日～9月30日の6か月間の業績を示します。

決算発表は四半期末から45日以内

四半期決算の発表は、原則として、四半期末から45日以内に行われます（45日ルール）。決算早期化の流れの中で、東京証券取引所が要請していることが背景にあります。

個別企業の決算発表の日程は、東証や証券会社、各企業のホー

● 四半期決算のスケジュール（3月本決算の場合）

期	対象期間	決算発表時期
第1四半期	4/1 ～ 6/30	7月下旬～ 8月中旬
第2四半期（中間決算・上期）	4/1 ～ 9/30	11月上旬～中旬
第3四半期	4/1 ～ 12/31	1月下旬～ 2月中旬
第4四半期（本決算・通期）	4/1 ～ 3/31	5月上旬～中旬

ムページで確認できます。

決算は東証ホームページで確認

四半期決算は、東証の適時開示用ホームページにて公表されます。各企業のホームページにも掲載されますが、**適時開示が一番早い**です。適時開示については、3時限目04（87頁）を参照してください。

業績予想の修正や配当予想の修正（増配や減配）がある場合は、四半期決算発表と同時か、それよりも前の時期に適時開示されることもあります。

2 決算資料の読み方

決算発表で公表されるメインの資料は、**決算短信**と**決算説明資料**です。これらの決算資料を活用して、業績や配当の確認をします。

決算短信

決算短信は、東京証券取引所の上場規則によって作成・公表することが、企業に義務付けられている書類です。つまり、すべての上場企業が同じ形式のフォームで発表するので、見方は全社共通です。

● 決算短信の表紙（2023年３月期三菱ＨＣキャピタル）

2023年3月期　決算短信〔日本基準〕（連結）

2023年5月15日

上場会社名	三菱ＨＣキャピタル株式会社　　上場取引所　東 名
コード番号	8593　URL　https://www.mitsubishi-hc-capital.com/
代表者	（役職名）代表取締役　社長執行役員　（氏名）久井　大樹
問合せ先責任者	（役職名）取締役　常務執行役員　（氏名）佐藤　晴彦　（TEL）　03-6865-3002
定時株主総会開催予定日	2023年6月27日　配当支払開始予定日　2023年6月8日
有価証券報告書提出予定日	2023年6月27日
決算補足説明資料作成の有無：	有
決算説明会開催の有無	：　有　（機関投資家、アナリスト向け）

（百万円未満切捨て）

1. 2023年3月期の連結業績（2022年4月1日～2023年3月31日）

❶（1）連結経営成績

（%表示は対前期増減率）

	売上高		営業利益		経常利益		親会社株主に帰属する当期純利益	
	百万円	%	百万円	%	百万円	%	百万円	%
2023年3月期	1,896,231	7.4	138,727	21.6	146,076	24.6	116,241	16.9
2022年3月期	1,765,559	86.3	114,092	83.1	117,239	80.5	99,401	79.7

（注）1. 包括利益　2023年3月期　265,136百万円（51.9%）　2022年3月期　174,586百万円（229.0%）

2. 当社（旧会社名 三菱ＵＦＪリース株式会社）は、2021年4月1日付で日立キャピタル株式会社との経営統合を行っており、2022年3月期の対前期増減率においては、三菱ＵＦＪリース株式会社の実績に対する増減率を記載しています。

	1株当たり当期純利益	潜在株式調整後1株当たり当期純利益	自己資本当期純利益率	総資産経常利益率	売上高営業利益率
	円 銭	円 銭	%	%	%
2023年3月期	80.95	80.71	8.2	1.4	7.3
2022年3月期	69.24	69.06	8.0	1.2	6.5

（参考）持分法投資損益　2023年3月期　11,982百万円　2022年3月期　4,818百万円

（2）連結財政状態

	総資産	純資産	自己資本比率	1株当たり純資産
	百万円	百万円	%	円 銭
2023年3月期	10,726,196	1,551,029	14.3	1,064.46
2022年3月期	10,328,872	1,333,467	12.7	912.19

（参考）自己資本　2023年3月期　1,528,773百万円　2022年3月期　1,309,769百万円

（3）連結キャッシュ・フローの状況

	営業活動によるキャッシュ・フロー	投資活動によるキャッシュ・フロー	財務活動によるキャッシュ・フロー	現金及び現金同等物期末残高
	百万円	百万円	百万円	百万円
2023年3月期	46,752	△127,322	△8,948	460,486
2022年3月期	195,845	△107,879	△192,157	520,083

❸ 2. 配当の状況

	年間配当金					配当金総額（合計）	配当性向（連結）	純資産配当率（連結）
	第1四半期末	第2四半期末	第3四半期末	期末	合計			
	円 銭	円 銭	円 銭	円 銭	円 銭	百万円	%	%
2022年3月期	－	13.00	－	15.00	28.00	40,210	40.4	3.2
2023年3月期	－	15.00	－	18.00	33.00	47,402	40.8	3.3
2024年3月期（予想）	－	18.00	－	19.00	37.00		44.3	

（注）2023年3月期の期末配当については、本年5月23日に開催される取締役会において決議する予定です。

❷ 3. 2024年3月期の連結業績予想（2023年4月1日～2024年3月31日）

（%表示は対前期増減率）

	親会社株主に帰属する当期純利益		1株当たり当期純利益
	百万円	%	円 銭
通期	120,000	3.2	83.55

※出典：三菱HCキャピタル株式会社ホームページ
（https://www.mitsubishi-hc-capital.com/investors/library/account/pdf/2023061503.pdf）

決算短信は、連結貸借対照表、連結損益計算書、連結キャッシュフロー計算書などの財務諸表も付いているので全体で20頁ほどにもなりますが、**決算短信のポイントは表紙（1ページ目）に凝縮**されています。決算短信の中では、次がポイントです。

❶ 業績（売上高・利益）の実績と前年同期比
❷ 業績の予想数値と前年同期比
❸ 配当金の実績と予想

それぞれ詳しく説明していきます。

①当期純利益の増減は10%が目安

前頁の決算短信の表紙の❶連結経営成績を見てください。
この部分で、売上高と各利益の実績、前年同期と比べた増減を確認します。

売上高　：商品やサービスを販売した総額
営業利益：売上高から原材料費や人件費などを引いたもの。本業の実力を表す
経常利益：営業利益から金利などをプラスマイナスしたもの
当期純利益：経常利益から法人税などを引いたもの。企業が最終的に稼いだ利益

基本的には、**増収増益決算（売上高も利益も増加）が理想的**です。

配当金は当期純利益の中から支払われるので、特に**当期純利益の増減は重要**です。前年同期比で、当期純利益が増えていればひとまずは安心して良いでしょう。

ざっくりとした目安ですが、当期純利益の前年同期比での増減は、**10％程度は通常の範囲内**です。10％以上のマイナスであれば、決算説明資料などで原因を確認した方が良いでしょう。

②予想数値と実績値を比べて業績の進捗を判断

120頁の決算短信の❷2024年3月期の連結業績予想を見てみましょう。

❶はすでに終わった期の実績でしたが、**❷は次期について会社が考える予想数値**です。

120頁の決算短信サンプルでは、当期純利益のみの予想が出ていますが、会社によっては売上高、営業利益、経常利益も予想しているケースもあります。

この予想利益を達成することが前提で、配当金予想が決まっています。

よって、会社が予想利益を上回る利益を上げれば、配当予想以上の増配を行う可能性があります。逆に予想利益を下回れば、減配の可能性も出てきます。

第1四半期や中間期の実績利益と、この通期予想利益を比べることで、業績の進捗状況が順調かそうでないかを推測可能です。

第1四半期＝3か月＝1年の4分の1（25％）なので、第1四半期の当期純利益実績÷通期予想純利益が25％を上回っていたら、業績は順調そうだと推測できます。

ただし、季節によって業績の偏りがある会社は、たとえば上期は赤字、下期に一気に黒字化することが通例となっている場合もあります。季節要因があるかどうかは、その企業の過去数期の決算短信（四半期ごと）での業績動向を調べることで確認できます。

③配当金は増配傾向かをチェック

今度は、120頁の決算短信の③配当の状況を見てみましょう。過去2期分の配当金実績と、次期の配当金予想が掲載されています。ここで、以下を確認します。

❶ 増配傾向にあるかどうか
❷ 前回の四半期決算時の決算短信と比べて、配当金予想が変わっていないか。変わっていれば、増配か減配か、増減の金額を確認

※なお、配当金予想が変わっている場合は、「直近に公表されている配当予想からの修正の有無：有」と枠外に注記されます

決算説明資料も参考に

決算説明資料は企業が任意で作成する資料です。名称も決算説明資料、決算補足資料、IR説明会資料など各社で異なりますが、自社の決算内容の説明と、その決算でのアピールを記載する

ためにほとんどの企業が作成します。

投資家に向けた内容を意識しているので、決算が理解しやすいように通常はパワーポイントで、ビジュアル的にも分かりやすく作成されています。

決算説明資料は数十ページに及ぶ場合もあるので細部まで読み込む必要はありませんが、**ざっと一読しておくと、業績動向やその理由がつかみやすい**です。

3 減配では売却か保有継続を検討

四半期決算で保有する高配当株の減配が発表されたら、どのように対応するのが良いでしょうか。

対応の選択肢は、基本的に売却、保有継続、買い増しの3つです（オプションとして一部売却かつ一部保有継続があります）が、**減配の発表では買い増しは論外**です。**売却または保有継続**を選びます。

減配されたら原則として売却

原則として減配が発表されたら、当該企業の株式はすべて売却します。

減配をする企業、もっと具体的には経営陣（社長を含む取締役）のマインドとして、減配しても構わないと思っているという事実が明らかになったためです。このような企業は少し業績が悪くなると、今後も安易に減配を繰り返す可能性があります。

保有を継続する場合

減配が発表されたら原則として売却しますが、以下に当てはまる場合、保有を継続して今後の推移をウォッチすることも検討します。

- **減配の原因が一過性のものである場合**
  例：今期限りの特別損失（リストラ費用など）で来期に影響がない
- **減配の原因が外部事業環境の著しい悪化であって当該企業の問題ではない場合**
  例：コロナショックやリーマンショックなど不可避の大幅な事業環境悪化

一部を売却して保有株数を減らし、一部の保有継続を考えるのも良いでしょう。

特別な状況は例外として、そもそも減配は経営陣に重大な責任があります。本来は減配するなら責任を取って社長は辞任し、取締役は減給・交代などの厳しい処分があってしかるべきですが、残念ながら過去の減配企業の現実はそうではありません。

投資家にできることは、**このような減配マインドの会社には関わらない、つまり株式を保有しているなら売却する**ことです。

減配企業の株式を売却して得た資金は、ほかの優良な高配当株の購入にあてましょう。

なお減配を避ける方法・減配のダメージを少なくする方法については、3時限目04（84頁）を参照してください。

ここがポイント

- 四半期ごとに発表される決算短信では以下をチェック
  ①業績（売上高・利益）の実績と前年同期比
  ②業績の予想数値と前年同期比
  ③配当金の実績と予想
- 減配が発表されたら売却が原則

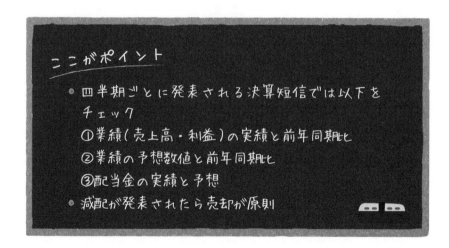

5時限目
高配当株を選ぶ4つの基準

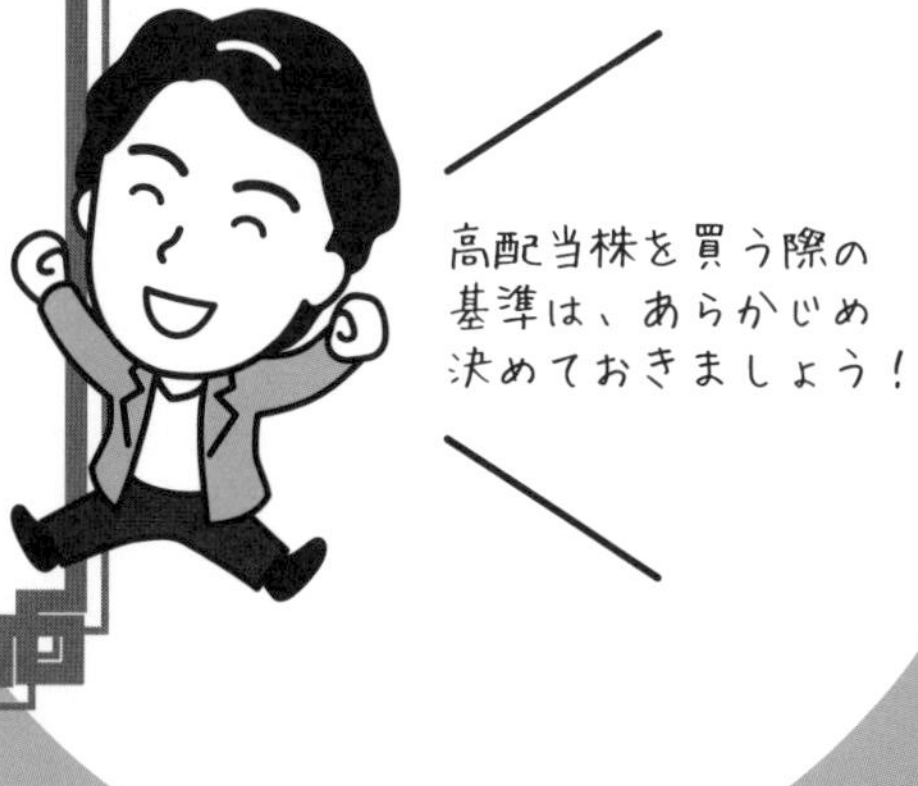
高配当株を買う際の
基準は、あらかじめ
決めておきましょう！

01 基準① 配当利回りが3%以上

本章では、投資先としてどの高配当株を選べば良いのか、私の買いの基準をご紹介します。

原則として、次の**4つの買いの基準をすべて満たした高配当株を投資対象**としています。節ごとに一つずつ説明します。

【買いの基準】
❶配当利回りが3%以上
❷直近5年以上、増配傾向が続いている
❸倒産リスクがほぼない
❹業績が好調または堅調

買いの基準を決めておくことは非常に有効です。投資判断を決

高配当株を選ぶときに
まずすべきことは、
配当利回りの水準の
チェックです。

定する手助けとなり、飛びつき買い（74頁参照）を防ぐことができます。ひいては**長期的な投資成果の向上、配当金の増加につながっていきます。**

1 ３％以上から取得配当利回りの上昇を目指す

ここでの配当利回り３％以上とは、**通常ベースの税引前の配当利回り**を表しています。Yahoo!ファイナンスや証券会社のサイトなどで表示されている配当利回りのことです（下図参照）。

東証プライム上場企業のうち、配当利回り３％以上の企業は約６７０社もあります（出典：Yahoo!ファイナンス、https://finance.yahoo.co.jp/stocks/ranking/dividendYield?market=tokyo1&term=daily、２０２３年10月18日時点）。

２時限目04（44頁参照）でも説明したように、高配当株を購入後に増配が行われると、取得配当利回りがどん

● Yahoo!ファイナンスの配当利回りの表示

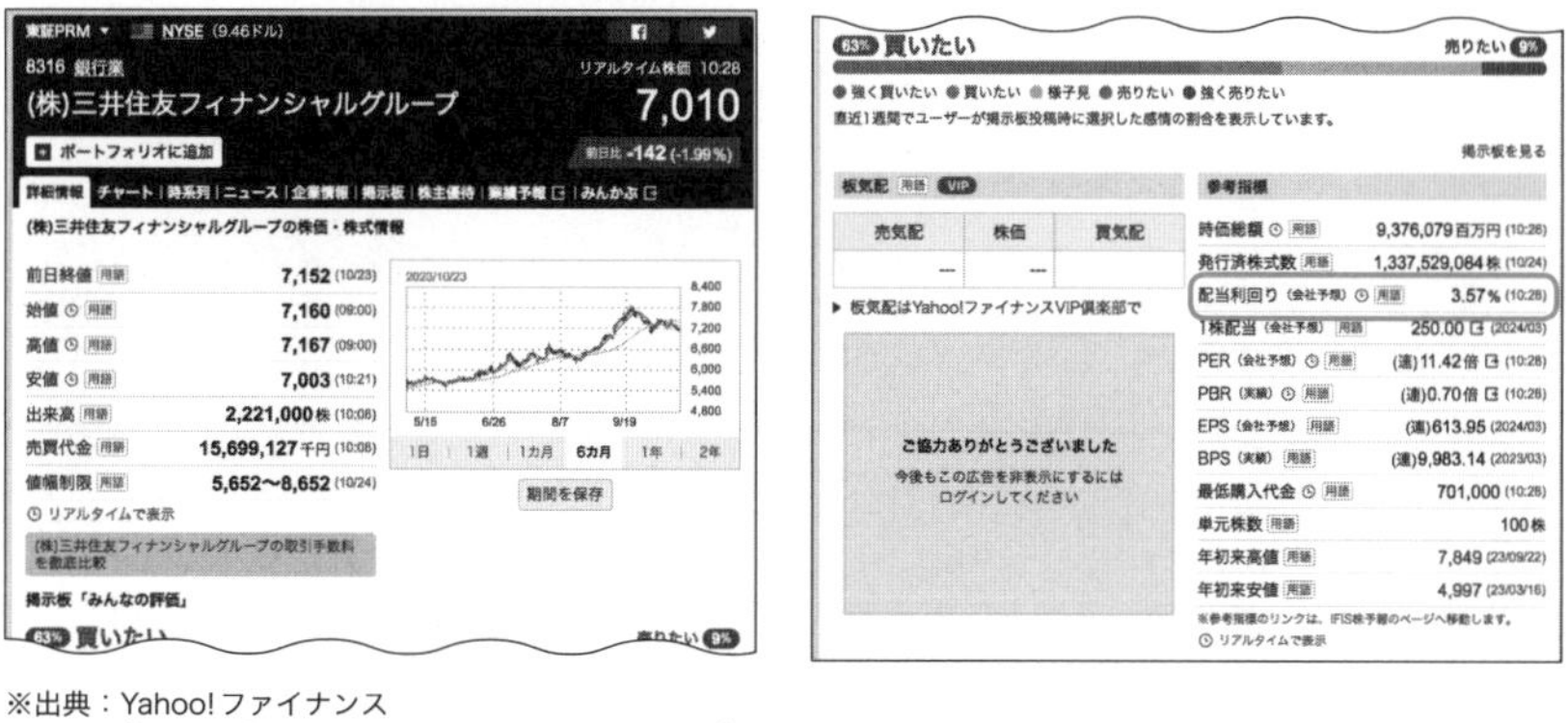

※出典：Yahoo!ファイナンス
（https://finance.yahoo.co.jp/quote/8316.T）

どんどんアップしていきます。将来的に取得配当利回り10％以上も狙えます。

しかし、**最初のスタートとなる配当利回りが低いと、まとまった配当金を得るまでに時間がかかり過ぎます。**配当利回り1％が10％になるには10倍の上昇が必要ですが、配当利回り3％がスタートなら3～4倍で10％になります。

最初の発射台を高くするために、少なくとも配当利回り3％以上という点を基準にしています。

ここがポイント

- 高配当株を選ぶ基準は4つ。
  原則すべてを満たすことが購入の条件
- 配当利回りは3％以上を基準とする

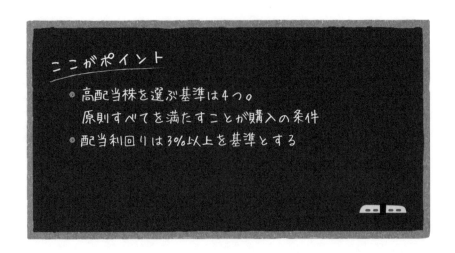

02 基準② 直近5年以上、増配傾向が続いている

高配当株を選ぶ基準の2つ目は、「**直近5年以上、増配傾向が続いている**」ことです。これは、継続的な増配によって受け取り配当金と取得配当利回りがどんどんアップしていく（44頁参照）高配当株を選び出すための基準です。配当維持の年があっても、直近5年間で配当が右肩上がりの傾向にあればＯＫです。

もちろん、過去の実績は未来の成果を保証するものではありません。しかし、増配が続いているという事実からはその企業の意志、つまり**増配継続・株主還元への強い意志**を感じ取ることができます。

このような企業は、仮に業績不振で増配ができなくても、極力減配を避ける（＝最低限、前年の配当額を維持する）傾向もあります。

配当利回りの水準を確認したら、次は配当金の推移を確認しましょう。

1 増配率は高い方がベター

配当傾向の確認の際に、増配率（54頁参照）も確認しましょう。増配率の目安として、2時限目05での表（58頁参照）を下に再掲しています。

配当の推移が100円→101円→102円よりも、100円→105円→110円のように、**増配率が高い方が望ましい**です。

2 配当実績の確認方法

過去の配当実績を確認するには、主に以下の方法があります。

- ❶ 会社四季報
- ❷ 当該企業のホームページ
- ❸ 当該企業の有価証券報告書
- ❹ 証券会社や投資情報サイト

● 増配率を考える際の目安

増配率**1%**	増配は本当にありがたいが、もう少し頑張って
増配率**3%**	最低限のレベルはクリア。惜しいところ
増配率**5%**	合格点
増配率**10%**以上	素晴らしい！　ありがとう！

❶会社四季報

会社四季報は東洋経済新報社から年に４回発行されている情報誌です。直近の四季報の配当予想と、過去５年分の配当実績（夏号の場合）が掲載されています。**一覧で見られて、一番簡単に確認できる方法**です。

なお、会社四季報の情報はウェブサイト「会社四季報オンライン」（https://shikiho.toyokeizai.net/）でも確認できます（ただし有料会員登録が必要）。

❷企業のホームページ

上場企業のＩＲや株主・投資家に向けたページには、配当実績が表やグラフで分かりやすく掲載されていることが多いです。およそ直近10年分の配当実績を確認できます。

❸有価証券報告書

❶❷では確認できない昔の配当実績を知りたい場合は、有価証券報告書で調べましょう。各社のホームページや金融庁のEDINET（https://disclosure2.edinet-fsa.go.jp/WEEK0010.aspx）で閲覧可能です。

有価証券報告書は、各企業で作成することが義務付けられている法定書類です。企業の詳細な財務情報や業績、事業内容が記載されています。法定書類なので、正確性もバッチリです。

有価証券報告書のはじめの方の表（※）に、提出年度から過去5年分の配当実績が記載されています。自分が調べたい年度から5年以内の有価証券報告書を確認しましょう。たとえば2010年3月期の有価証券報告書では、2006年3月期から2010年3月期の5年分の配当実績を確認できます。

なお有価証券報告書は、金融商品取引法に基づく法定書類なので、各社とも項目・フォームは同じです。

※第一部【企業情報】↓第1【企業の概況】↓（2）提出会社の経営指標等

❹証券会社や投資情報サイト

証券会社各社のサイトや以下のような投資情報サイトでも配当実績を確認できます。

- Yahoo!ファイナンス：https://finance.yahoo.co.jp/
- 株探（かぶたん）：https://kabutan.jp/
- みんかぶ：https://minkabu.jp/

私はいつも、過去数年分の配当実績をさっと知りたいときは会社四季報を使います。より長い年数について調べたいときは、企業のホームページ↓有価証券報告書の順に確認しています。

ここがポイント

- 直近5年以上、増配傾向が続いていることが2つ目の条件。その際、増配率も確認する
- 配当実績の確認方法は以下の4つ；
①会社四季報　②当該企業のホームページ
③当該企業の有価証券報告書
④証券会社や投資情報サイト

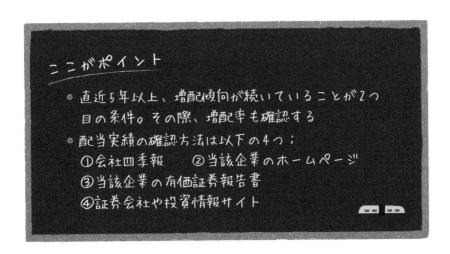

03 基準③ 倒産リスクがほぼない

高配当株投資は長期的に投資・保有を行い、増配による複利効果を享受することを前提に、継続的に配当金をコツコツと積み上げていく投資法です。

そのため、万が一にも投資先の企業が倒産して配当金がゼロになると、この大前提が崩壊してしまいます。この事態は絶対に避けなければなりません。

ですので、**基準の3つ目「倒産リスクがほぼない」は当然のことのように思えますが、重要な基準**です。

1 時価総額の大きな大型株投資でリスク軽減

企業の内情を外部から知ることはなかなか難しいので、この倒

倒産リスクがゼロに近く、一生付き合える高配当株を選ぶという視点を持ちましょう！

産リスクをゼロにすることは難しいです。

しかし、**時価総額数千億円から1兆円以上の大型株への投資**、また**投資している企業に関するニュースをチェックする**習慣によって、できる限り倒産リスクを下げることはできます。

「この企業は20年後、30年後、自分が生きている間ずっと存在しているだろうか」という観点から検討してみてください。倒産リスクを避ける視点は、配当金の積み上げに欠かせません。

ここがポイント

- 投資した会社が倒産してしまっては高配当株投資のメリットを享受できない
- 大型株を中心に選ぶのがおすすめ
- 投資した企業に関するニュースを日常的にチェックする癖をつけよう

04 基準④ 業績が好調または堅調

基準の４つ目は「**企業の業績が好調または堅調であること**」です。

配当金の原資は、会社の利益です。最終的に会社に残った利益（当期純利益）の中から、配当金は株主に対して支払われます。

つまり、業績が好調または堅調で利益を上げている企業であれば、増配を継続できる可能性が高くなります。

1 大型の高配当株は数%の伸びで問題なし

業績は基本的に、**事業内容、売上高と当期純利益の伸びを確認**します。

新興市場のグロース株のように、前年比20%など高い伸びであ

業績がどのように
推移しているのか
確認しましょう！

る必要はありません。大型の高配当株はたとえ地味であっても、**前年比数パーセントでも伸びていれば十分**です。

この業績チェックは会社四季報を活用しましょう（１３３頁参照）。事業内容や過去5年分の業績（売上高と各利益）と次期以降の業績予想を一覧で確認できるので便利です。

業績実績と予想については、主に売上高と当期純利益の推移をチェックし、少しずつでも良いので、右肩上がりで伸びている傾向にあればＯＫです。

年度によって多少の前年比マイナスの場合があっても、過去5年分と予想において、**大体の傾向が総じて右肩上がりなら問題ありません。**

2 銘柄分析にまつわる経済指標

投資銘柄を分析する経済指標には、いろいろなものがあります。たとえば、**ＲＯＥ（自己資本利益率）、ＥＰＳ（1株当たり純利益）、ＰＥＲ（株価収益率）、ＰＢＲ（株価純資産倍率）**などです。証券会社のホームページなどで見かけることも多いと思うので、ここで一般的な投資指標の解説をしておきます。

このような投資指標は、その数値だけを見て単純に判断することはできません。ある程度の会計的な知識を持ったうえでの総合判断が必要です。

ただ、投資指標を算出する計算式（１４０〜１４１頁参照）を見ると分かるように、**いずれも**

当期純利益がベースになっており、本章での基準①〜④を満たしているかチェックすることで代用可能です。基準①での配当利回り水準、基準②での増配傾向、基準④での業績・当期純利益の推移の確認を併用することによって、割安性・収益性を判断できます。

ROE（自己資本利益率）

自己資本は、株式発行で得た資本金や企業が事業で稼いだ利益剰余金などを意味します。

その**自己資本に対して企業がどれくらいの利益を上げているかを示すのがROE**です。「当期純利益 ÷ 自己資本 × 100」で算出します。

ROEが高いほど、その企業は経営効率・収益性が高いと言えます。

一般的に**ROEは8〜10％以上あれば優良**と言われます。ただし、ROEの適正水準は業種によって異なるため、数値だけを見て単純には判断できません。

EPS（1株当たり純利益）

EPSは、収益性の高さを示す指標です。「当期純利益 ÷ 発行済株式数」で算出します。

ROE 自己資本利益率（%）	当期純利益 ÷ 自己資本 × 100
EPS 1株当たり純利益（円）	当期純利益 ÷ 発行済株式数

数値が高いほど収益性が高く、EPSが順調に伸びていると、1株当たり配当金を増やす原資が成長していると判断できます。

PER（株価収益率）

PERは株価がEPSの何倍になっているかを示します。「株価÷1株当たり純利益（EPS・前項目参照）」で算出します。

PERが低いほど株価は割安です。PERの一般的な適正水準は15〜20倍で、それ以下だと割安と判断されます。

ただし、PERの適正水準は業種や成長性などによって異なるので、本来はPERも数値だけを見て何倍以下だから割安とは単純に言えません。

PBR（株価純資産倍率）

純資産とは「総資産−負債」なので、自己資本（前頁のROE項目参照）とニアリーイコールです。

PBRは株価÷1株当たり純資産（※）で計算します。**株価が1株当たり純資産の何倍になっているかを示します。PBRが低いほど株価は割安**と判断します。

PER 株価収益率（倍）	株価 ÷ 1株当たり純利益（EPS）
PBR 株価純資産倍率（倍）	株価 ÷ 1株当たり純資産（BPS）

なお、純資産は当期純利益が増えれば基本的に増加します。

PBR＝1倍の場合、すなわち株価＝1株当たり純資産の場合、会社を解散して全資産を処分し負債を差し引いたあとの純資産＝解散価値と株価が同じであることを意味します。つまり、**PBRが1倍未満のときは、会社の解散価値を下回る割安な状態**です。

ただし、長期でPBR1倍割れの状態が続いている場合、その企業は市場からPBR1倍割れが適正価値だと見られているケースもあります。本来はPBRも、数値だけを見てPBR1倍以下だから割安とは単純に言えないことには注意しましょう。

※1株当たり純資産（BPS）＝純資産÷発行済株式数

ここがポイント

- 業績が好調または堅調であることを確認するため、売上高と当期純利益をチェック
- 前年比数%でも伸びていればOK
- 銘柄分析に使われる一般的な経済指標はいずれも当期純利益がベースのため、本章で紹介した基準①～④で代用可能

05 高配当株選びに役立つ2つの指数

投資する高配当株を選定するにあたって、非常に参考になる2つの指数があります。**「日経連続増配株指数」**と**「日経累進高配当株指数」**です。両指数は2023年6月30日に開始した比較的新しい指数です。

それぞれの指数は、**連続増配と累進配当という、高配当株投資に関する素晴らしい特長に着目して算出される**ため、両指数の構成銘柄は高配当株への投資判断のヒントになります。

この2つの指数の誕生は、株主還元意識の高まりによる高配当株投資への大きな流れを象徴しているといえるでしょう。

高配当株投資家に
とって嬉しい、
2つの指数が誕生
しました!

1 日経連続増配株指数

日経連続増配株指数は、実績ベースの増配を原則10年以上続ける銘柄のうち、連続増配の年数上位から70銘柄を上限に採用した指数です。年1回見直しを実施し、6月末に入れ替えが行われます。

次頁の表に、日経連続増配株指数に含まれる連続増配15年以上の銘柄をリストアップしています。

2 日経累進高配当株指数

日経累進高配当株指数は実績ベースで減配せず、増配か配当維持（累進配当）を10年以上続ける銘柄のうち、日経の予想配当に基づく配当利回りが高い順に30銘柄で構成されています。

146頁に一覧をリストアップしました。

こちらも毎年6月末に入れ替えが行われます。

なお、「しっかりインカム」の愛称で呼ばれることもあります。

これら2つの指数の構成銘柄リストを、配当金を長年増やし続けている優良な高配当株企業を見つけるためのヒントにすることができます。

● 日経連続増配株指数の構成銘柄抜粋（連続増配15年以上）

銘柄名	連続増配回数（単位：年）
花王	33
SPK	25
三菱HCキャピタル	24
リコーリース	23
ユー・エス・エス	23
小林製薬	23
トランコム	22
KDDI	21
沖縄セルラー電話	21
サンドラッグ	21
リンナイ	21
ユニ・チャーム	21
サンエー	20
アルフレッサ ホールディングス	19
高速	19
栗田工業	19
ニトリホールディングス	19
ロート製薬	19
パン・パシフィック・インターナショナルホールディングス	19
みずほリース	18
芙蓉総合リース	18
イオンディライト	18
ハマキョウレックス	17
NECネッツエスアイ	16
シークス	16
コムチュア	16
GMOペイメントゲートウェイ	16
キッセイ薬品工業	15
アサヒグループホールディングス	15

※日本経済新聞社「日経連続増配株指数」のリリースから引用

● 日経累進高配当株指数の構成銘柄

銘柄名	累進配当回数（単位：年）
武田薬品工業	41
三菱HCキャピタル	31
住友精化	27
LIXIL	25
日本カーボン	19
エクシオグループ	18
山口フィナンシャルグループ	16
ふくおかフィナンシャルグループ	15
三菱UFJフィナンシャル・グループ	15
伯東	14
MS＆ADインシュアランスグループホールディングス	14
東ソー	14
三井住友トラスト・ホールディングス	14
UBE	14
ジャックス	14
三井住友フィナンシャルグループ	14
アサヒホールディングス	13
イーグル工業	13
ジャフコ グループ	12
日本曹達	12
ナガセ	12
中電工	12
ENEOSホールディングス	12
みずほフィナンシャルグループ	12
ティーガイア	12
七十七銀行	12
サムティ	12
安藤・間	11
SBIホールディングス	11
SOMPOホールディングス	10

※日本経済新聞社「日経累進高配当株指数」のリリースから引用

3 指数銘柄リスト活用投資法

この2つの指数を活用した高配当株選びの方法を紹介します。

まず145～146頁の両指数の構成銘柄リストから、気になる銘柄をピックアップします。次に、128頁から解説してきた基準①～④の観点でチェック、投資先候補として検討するという方法です。

まずはじっくりと両指数の構成銘柄リストを眺めて、興味のある会社を基準①～④に沿って調べてみましょう。基準をすべて満たしていると判断できたら、投資対象とします。

なお、両指数の最新の構成銘柄一覧は、次の「日経平均プロフィル」のウェブサイトで確認できます。

日経連続増配株指数：https://indexes.nikkei.co.jp/nkave/index/profile?idx=nkcdg

日経累進高配当株指数：https://indexes.nikkei.co.jp/nkave/index/profile?idx=nkphd

● 連続増配と累進配当の違い

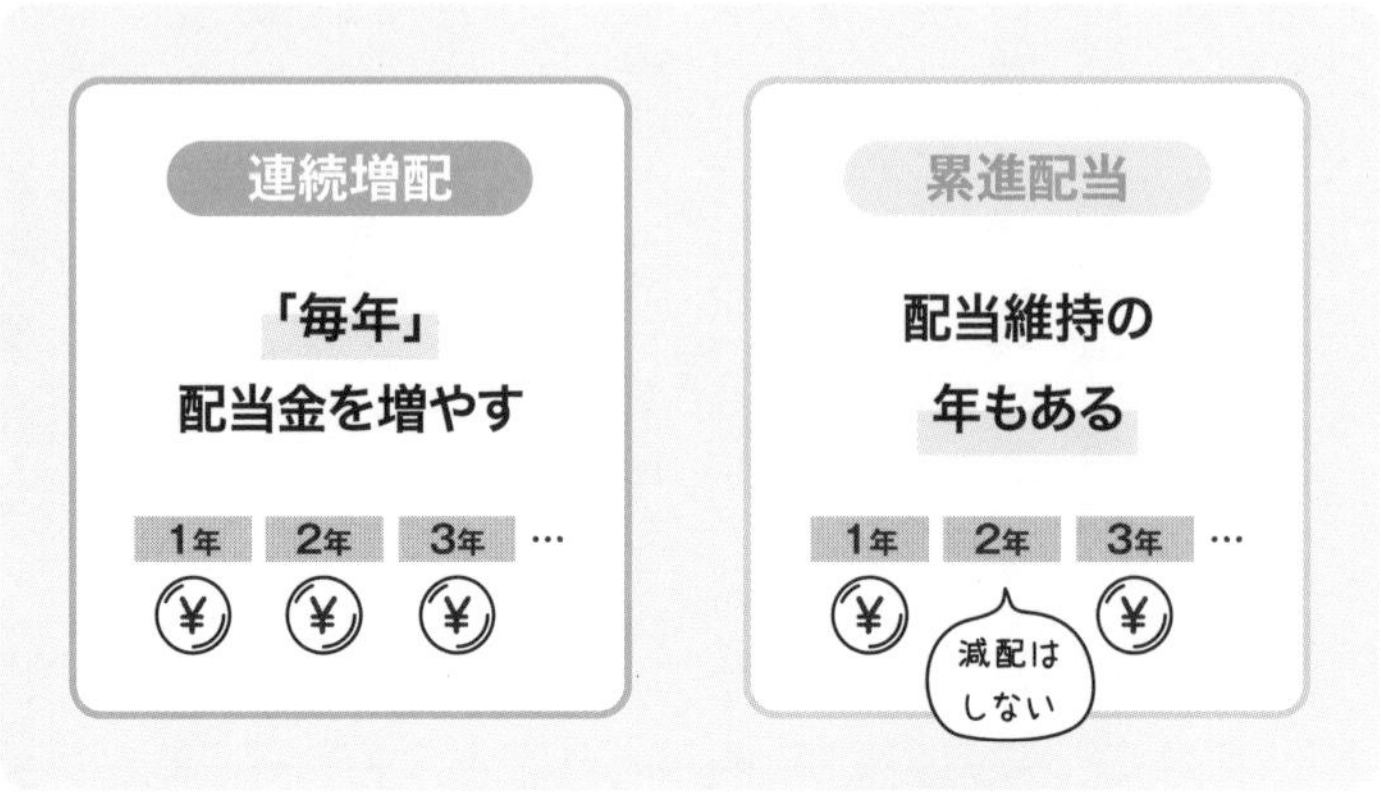
連続増配
「毎年」
配当金を増やす
1年 2年 3年 …
累進配当
配当維持の
年もある
1年 2年 3年 …
減配は
しない

連続増配ならば
必ず累進配当でもある
という関係です。

ここがポイント

- 「日経連続増配株指数」と「日経累進高配当株指数」の組み入れ銘柄リストを活用して、高配当株選びのヒントにできる

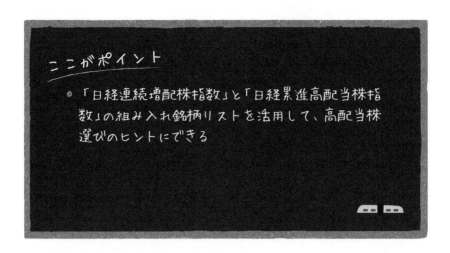

6時限目

一生保有したい15の高配当株

前章において、高配当株の買いの基準について書きましたが、実際にどのような株式銘柄に投資すれば良いのでしょうか？
具体的な優良高配当株について解説します。

01 累進配当ブラザーズ8銘柄

1 株主にとって大きなメリットがある「累進配当」

累進配当とは、「減配をせず、少なくとも前年の配当金を維持するか、または増配を実施する配当方針」のことでしたね（47頁参照）。

59頁ですでに軽く紹介しましたが、この素晴らしい累進配当を対外的に公約、または長年継続している企業のうち、特に株主還元意識が高いと考えられる高配当株企業の8銘柄を、私は**累進配当ブラザーズ**と呼んでいます。

累進配当という配当方針は、たとえ業績が悪い年でも、最低で

買いの基準に該当し、かつ長期的な観点で一生保有したい優良な15銘柄をピックアップしてご紹介します。なお、私自身もこれらの銘柄に投資しています。

も前年の配当金と同じ金額は維持されるうえ、業績が好調な年は増配が実施されます。

つまり、取得配当利回り（45頁参照）と受け取り配当金は、累進配当であれば増配で上がることはあっても、減配で下がることはありません。

配当方針の継続的なチェックを忘れずに

ただし、累進配当はあくまでもその会社の方針であって、**法律などで強制されているわけではありません**。会社の意思決定で変更することができる点には要注意です。

累進配当の方針を変更しないかどうかについては、**四半期決算発表などで定期的にウォッチ**しておく必要があります。

なお、２０２３年の急激な株価上昇で配当利回りが低下し、配当利回り３％を切っている銘柄もあります。状況をチェックして、**配当利回り３％以上での購入タイミングを狙う**ようにしましょう。

2 総合商社ナンバーワンの絶対王者・三菱商事

累進配当ブラザーズの一社目は**三菱商事**です。

三菱商事は総合商社として、資源エネルギー、機械、食品、化学品、金属、インフラなど各種の事業を行っています。特に原料炭、銅、天然ガス、自動車、電力（風力発電）、水産（サケ・マスの養殖）などに強みがあります。

就職人気ランキング上位の常連で、日本でも有数の優秀な人材を抱えています。

多数のグループ会社で事業を展開しており、ローソンやケンタッキーフライドチキン（日本ＫＦＣホールディングス）などお馴染みの企業も、三菱商事のグループ会社です。

これまでに積み上げてきた**事業・財務基盤が岩盤のように分厚く、事業ポートフォリオのバランスが良い**ところが三菱商事の強みです。一つの事業で損失があっても、ほかの事業でカバーできるため、

● 三菱商事の株価チャート（10年間）

※出典：TradingView（https://jp.tradingview.com/）

びくともしません。まさに絶対王者三菱商事。盤石な企業体力です。

累進配当を約束

三菱商事の配当利回りは、**2・9%**です（2023年10月24日時点）。

三菱商事は、2016年5月から、減配しない「**累進配当政策**」を採用することを対外的に宣言しています。配当実績として事実上の累進配当を実施している企業はありますが、三菱商事のように、対外的に累進配当政策を公約までしている企業はまだ少なく貴重な存在です。この累進配

● 三菱商事の配当金の推移

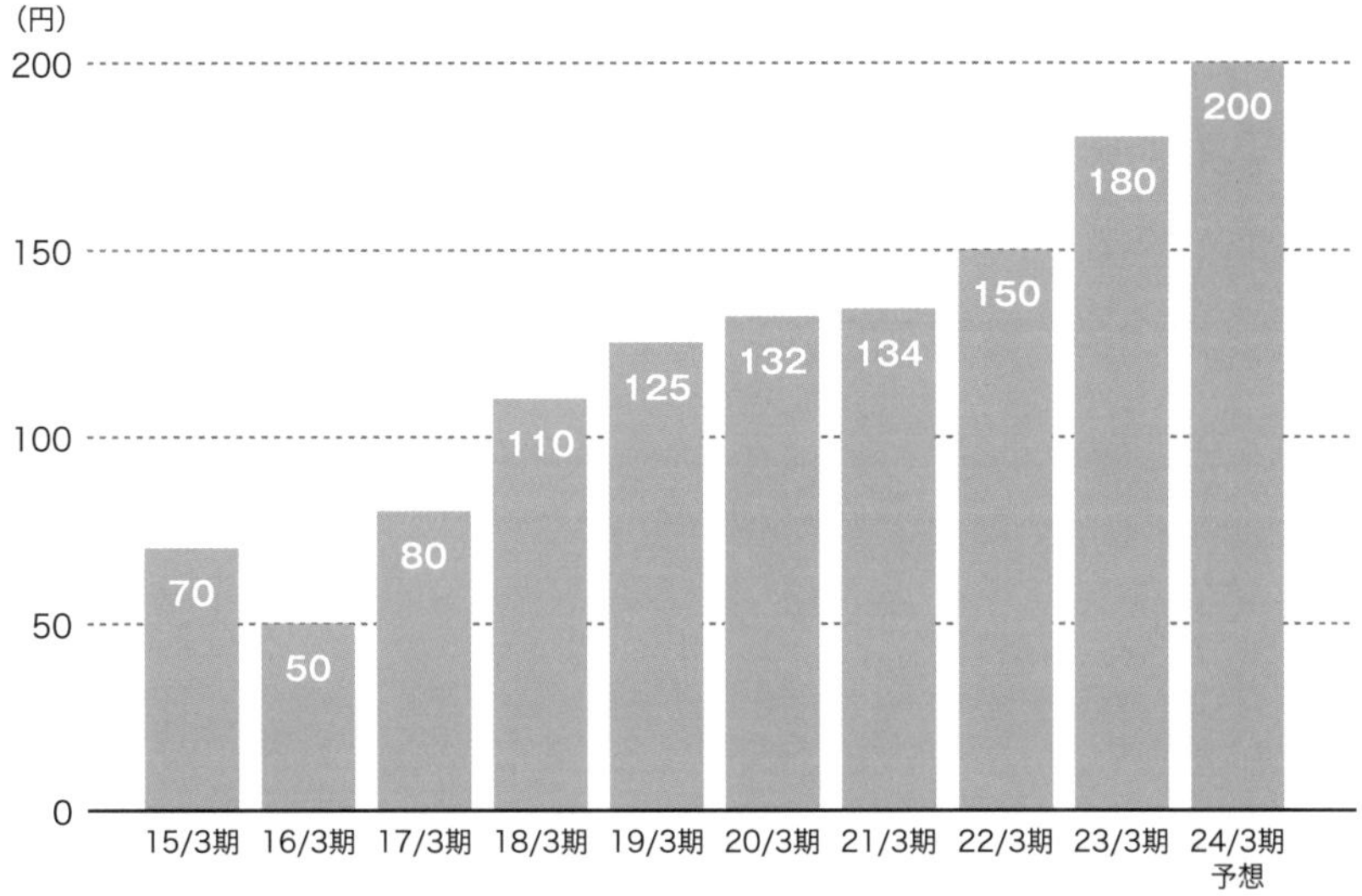

期	15/3期	16/3期	17/3期	18/3期	19/3期	20/3期	21/3期	22/3期	23/3期	24/3期予想
配当金（円）	70	50	80	110	125	132	134	150	180	200
増配率	2.9%	-28.6%	60.0%	37.5%	13.6%	5.6%	1.5%	11.9%	20.0%	11.1%

※2016年5月の決算発表で累進配当政策を導入

当政策の対外的な宣言は、**日本のみならず、世界中の機関投資家・個人投資家への約束**にもなるので重みがあります。

なお2020年8月には、あの世界最高の投資家、投資の神様とも言われるウォーレン・バフェット氏が、三菱商事を含めた複数の総合商社株を大量に購入しました。その後買い増しも行っています。

3 海外にも積極展開するメガバンク・三井住友フィナンシャルグループ

二つ目に紹介する三井住友フィナンシャルグループは、持株会社です。傘下に三井住友銀行、SMBC日興証券、三井住友カード、プロミスなどを有しています。三大メガバンクグループの一つで、その中でも**効率性はトップ**です。

アジアをはじめ、グローバルに展開

海外進出にも積極的で、アメリカ、ヨーロッパ各国、中国、マレーシア、インドネシア、ベトナム、インド、ブラジルなどに展開。日本だけではなく、**グローバルで稼ぐ体制を構築**しています。

インドネシアやベトナムの大手銀行、インドのノンバンク、フィリピンの商業銀行などに出資

するなど、成長が見込めるアジアでも攻勢をかけています。

大手IT企業との協業でFinTechにも参入

また、三井住友フィナンシャルグループは、**FinTech**（フィンテック：金融とIT技術の融合）にも非常に積極的で、マイクロソフトや各種企業との提携も進め、事業を拡大中です。ネット証券最大手のSBIホールディングス（SBI証券）とも資本業務提携を行いました。

2023年3月には、新金融サービス「**Olive（オリーブ）**」を開始。銀行や証券、ク

● 三井住友フィナンシャルグループの株価チャート（10年間）

※出典：TradingView（https://jp.tradingview.com/）

レジットカード、保険など、三井住友フィナンシャルグループや業務提携先の金融サービスを総合的に利用できるスーパーアプリの提供を開始しました。すでに会員数は100万人を超え、積極的に事業展開を行っています。

　現在日本国内は、超低金利・マイナス金利に加えて、新型コロナ禍の影響も残る状況ですが、**このような厳しい状況でも増配することができるほどの収益力**を三井住友フィナンシャルグループは持っています。

　逆に、将来的に金利引き上げ方向に日銀が動き、金利が正常化し上昇した場合、三井住友フィナンシャルグループの業績には、現状

● 三井住友フィナンシャルグループの配当金の推移

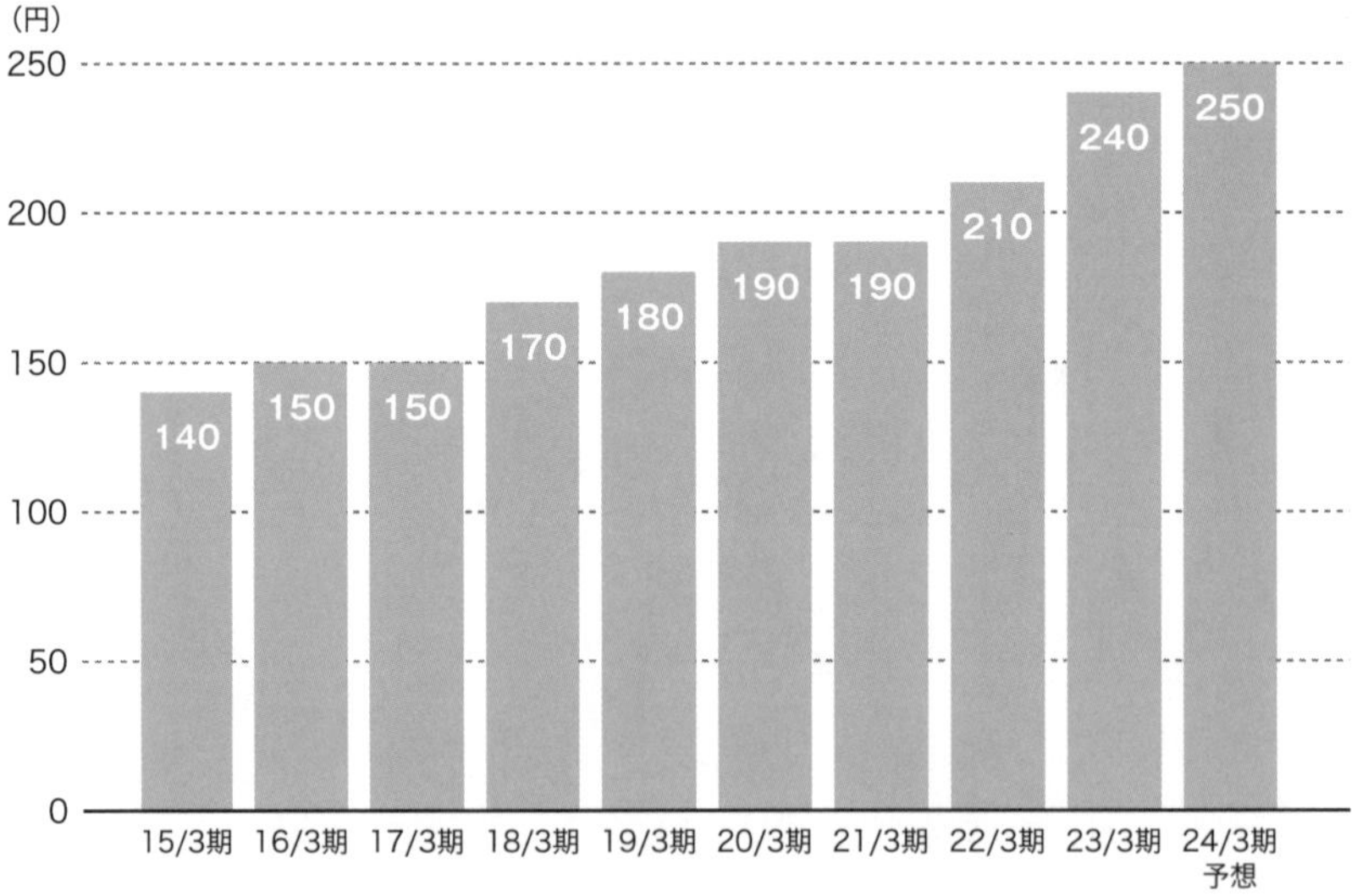

期	15/3期	16/3期	17/3期	18/3期	19/3期	20/3期	21/3期	22/3期	23/3期	24/3期予想
配当金（円）	140	150	150	170	180	190	190	210	240	250
増配率	16.7%	7.1%	0.0%	13.3%	5.9%	5.6%	0.0%	10.5%	14.3%	4.2%

に加えて大きなプラス影響があると考えられます。

累進配当を公約

三井住友フィナンシャルグループの配当利回りは、**3・5％**です（２０２３年10月24日時点）。

三井住友フィナンシャルグループは、三菱商事と同様に、減配しない**累進配当政策**を採用することを対外的に発表し公約している数少ない企業です。高配当株投資家にとって、この点も同社の大きな魅力の一つです。

4 通信業界のガリバー・NTT

ＮＴＴ（日本電信電話株式会社）も持株会社で、傘下に各種事業を行う事業子会社があります。事業子会社には、完全子会社化したＮＴＴドコモ、ＮＴＴ東日本、ＮＴＴ西日本、ＮＴＴコミュニケーションズ、ＮＴＴデータ、ＮＴＴ都市開発など、お馴染みの会社も多いです。

スマートフォン、５Ｇビジネス、スマートライフ事業（ｄカード・ｄポイントなどの金融・決済関連）、固定電話、ひかり通信、ひかり電話、国際電話、通信インフラ整備、不動産など、通信をメインの軸として幅広い事業を行っています。まさに、通信業界の巨人、ガリバーです。

ＮＴＴの連結売上高全体の約３割は海外部門で、海外売上高比率は年々上昇中です。ＮＴＴはもはや固定電話でイメージされるようなドメスティックな国内企業ではなく、グローバル企業に成長しています。

参入障壁の高さ×ストックビジネス＝国内でも安定した需要

携帯電話や固定電話事業は規制産業で、電波や通信について、国からの許認可がないと営業できません。**新たに他企業が参入するのは非常に困難**です。NTTは高い参入障壁があるため、非常に有利な立ち位置で運営することができます。

また**携帯電話・固定電話事業は、典型的なストックビジネス**であり、毎月毎月、多数の契約者から現金がどんどん入金されるキャッシュリッチな事業です。

つまり、**配当金の原資になる現**

● NTTの株価チャート（10年間）

※出典：TradingView（https://jp.tradingview.com/）

金を豊富に持っていることを意味します。

電気・水道・ガスと同じように、すでにインフラ化しているスマホや固定電話通信への社会的な需要も、底堅く強いです。

革新的通信ネットワーク「IOWN」

国策でもある5G通信事業を現在本格的に展開中で、その先の6G事業やNTT独自の**IOWN（アイオン：Innovative Optical and Wireless Network）構想**も見据えています。

NTTが開発を進めるIOWNは、従来の電子技術（エレクトロニクス）から脱却し、光技術（フォトニクス）

● NTTの配当金の推移

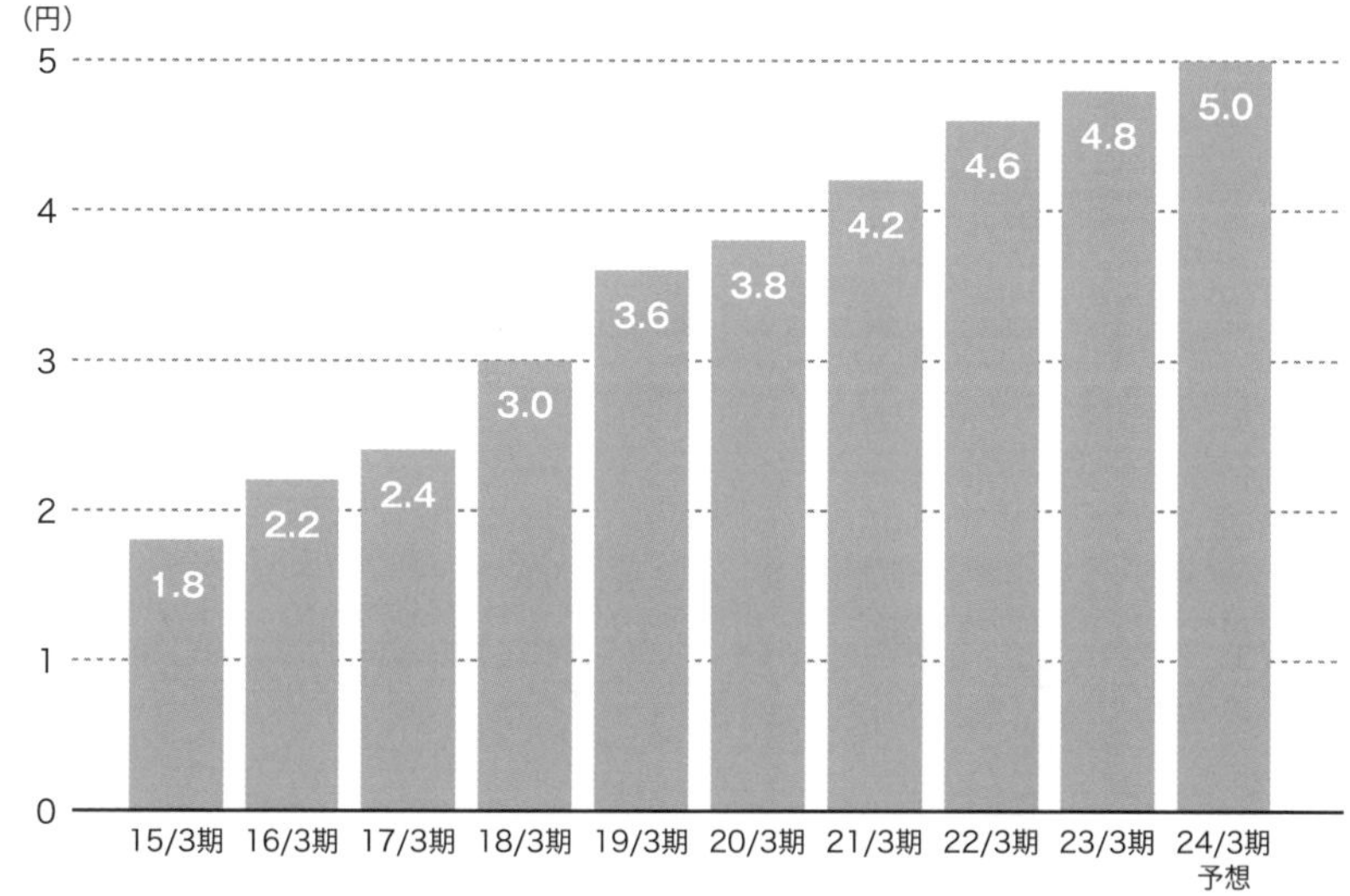

期	15/3期	16/3期	17/3期	18/3期	19/3期	20/3期	21/3期	22/3期	23/3期	24/3期 予想
配当金（円）	1.8	2.2	2.4	3.0	3.6	3.8	4.2	4.6	4.8	5.0
増配率	5.9%	22.2%	9.1%	25.0%	20.0%	5.6%	10.5%	9.5%	4.3%	4.2%

を活用した、**まったく新しい光ベースの革新的通信ネットワーク**です。低消費電力（電力効率100倍）、大容量・高品質（データ伝送容量・速度125倍）、低遅延（遅延200分の1）などの特長があります。

IOWNはまさに夢のような技術ですが、決して想像上の話ではなく、2030年の実現予定に向けて、着々と実用化が進められています。2023年3月には、一部のIOWN技術の商用サービスも開始されました。

IOWNは世界の常識を変える技術・規格であり、ゲームチェンジャーになり得ます。世界のデファクトスタンダードとなれば、NTTが莫大な利益を得ることも想定されます。

累進配当を20年以上継続、配当金は20年で10倍に

NTTの配当利回りは、**2.9％**です（2023年10月24日時点）。

NTTの配当方針には、「継続的な増配の実施を基本的な考え方としております」とあります。

「継続的な増配の実施」という、株主にとって頼もしい文言を使用している点に注目です。

実際に長期的に見た場合、NTTの配当金推移で特筆すべき点として、**累進配当を20年以上継続している**という点が挙げられます。**この20年で配当金の額も10倍**になっています。

5
メガ損保首位・東京海上ホールディングス

東京海上ホールディングスも持株会社で、傘下に損害保険で国内首位のメガ損保会社や、生命保険会社も有しています。

「東京マリーン」（Marineは「海の」という意味）と呼ばれることも多いです。

国内のみならず、海外進出にも積極的で、欧米を軸にアジアも含め海外M&Aで拡大を続けています。**全体利益の半分以上を海外で稼ぐ、グ**

● 東京海上ホールディングスの株価チャート（10年間）

※出典：TradingView（https://jp.tradingview.com/）

ローバルな体制を構築している企業です。

保険会社の魅力はキャッシュリッチなビジネスモデル

保険会社は、保険購入者から、まず保険料を「先に」もらいます。その後、保険対象の事故が発生した場合に「だけ」、保険会社は保険金を「後払い」で保険購入者に支払います。もちろん、何も起きなければ、保険金を支払う必要はありません。

さらに保険会社は、受け取る保険料について、数学的・統計学的に事故の確率に関する厳密な計算を行ったうえで決定しています。ある意味、99％以上の

● 東京海上ホールディングスの配当金の推移

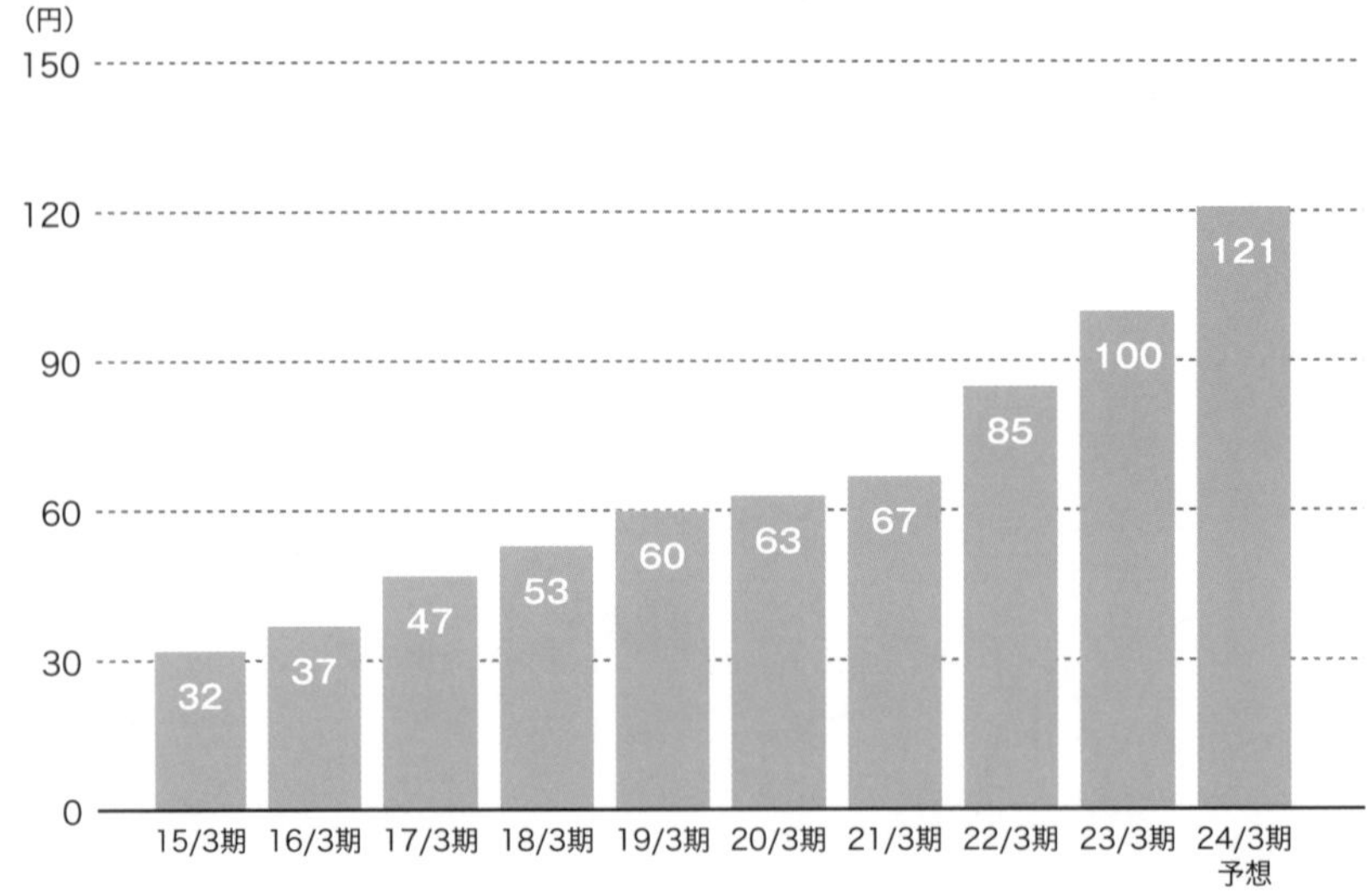

期	15/3期	16/3期	17/3期	18/3期	19/3期	20/3期	21/3期	22/3期	23/3期	24/3期予想
配当金（円）	32	37	47	53	60	63	67	85	100	121
増配率	39.1%	15.6%	27.0%	12.8%	13.2%	5.0%	6.3%	26.9%	17.6%	21.0%

※上記は普通配当ベース。19/3期～21/3期は別途特別配当あり

確率で自社が損をしないように、自社で保険料を設定しているわけです。

したがって、天文学的な確率の、めったに起こらない事故・災害が立て続けに起こらない限り、保険会社が損をすることはありません。しかも、入ってくるお金（保険料）に利子を付ける必要もありません。

そのため、**保険会社はキャッシュが潤沢**で、常に投資先を探しています。株主に支払う配当金のための現金もたくさん持っています。

こういった特長があるため、あの世界最高の投資家と言われる、ウォーレン・バフェット氏も保険会社への投資が大好きです。バフェット氏も、これまでに米国の保険会社に巨額の投資をしています。

累進配当を20年以上継続

東京海上ホールディングスの配当利回りは、**3・7％**です（２０２３年10月24日時点）。

東京海上と日動火災の共同持株会社として２００２年に上場して以来、**20年以上も減配していません**。さらに、11年連続増配も継続中です。

前頁表のとおり、増配率も非常に高く、**直近5年で配当金は2倍**になっています。

6 大手同士の合併で誕生・三菱HCキャピタル

2021年4月、三菱UFJリースと日立キャピタルが合併し、三菱HCキャピタルが誕生しました。

三菱HCキャピタルはリース事業の業界大手です。リースの対象は、事務機器、IT機器、工作機械、自動車、住宅設備、不動産、医療機器、太陽光、風力発電、航空機、船舶、コンテナ、鉄道車両、インフラなど多岐にわたり、多様な顧客に対して必要な

● 三菱HCキャピタルの株価チャート（10年間）

※出典：TradingView（https://jp.tradingview.com/）

ファイナンス機能を提供しています。

国内だけでなく海外への進出にも積極的で、北米、欧州、アジアの各拠点にて、事業を行っています。

米国大手の海上コンテナリース会社の買収で、**三菱HCキャピタルのコンテナ保有数が世界第2位の規模に成長**するなど、海外M&Aも積極的に行っています。

再生医療や自動運転事業、再生可能エネルギー（太陽光・風力・水力・地熱発電など）での提携など、新規事業分野への進出も拡大中です。

● 三菱HCキャピタルの配当金の推移

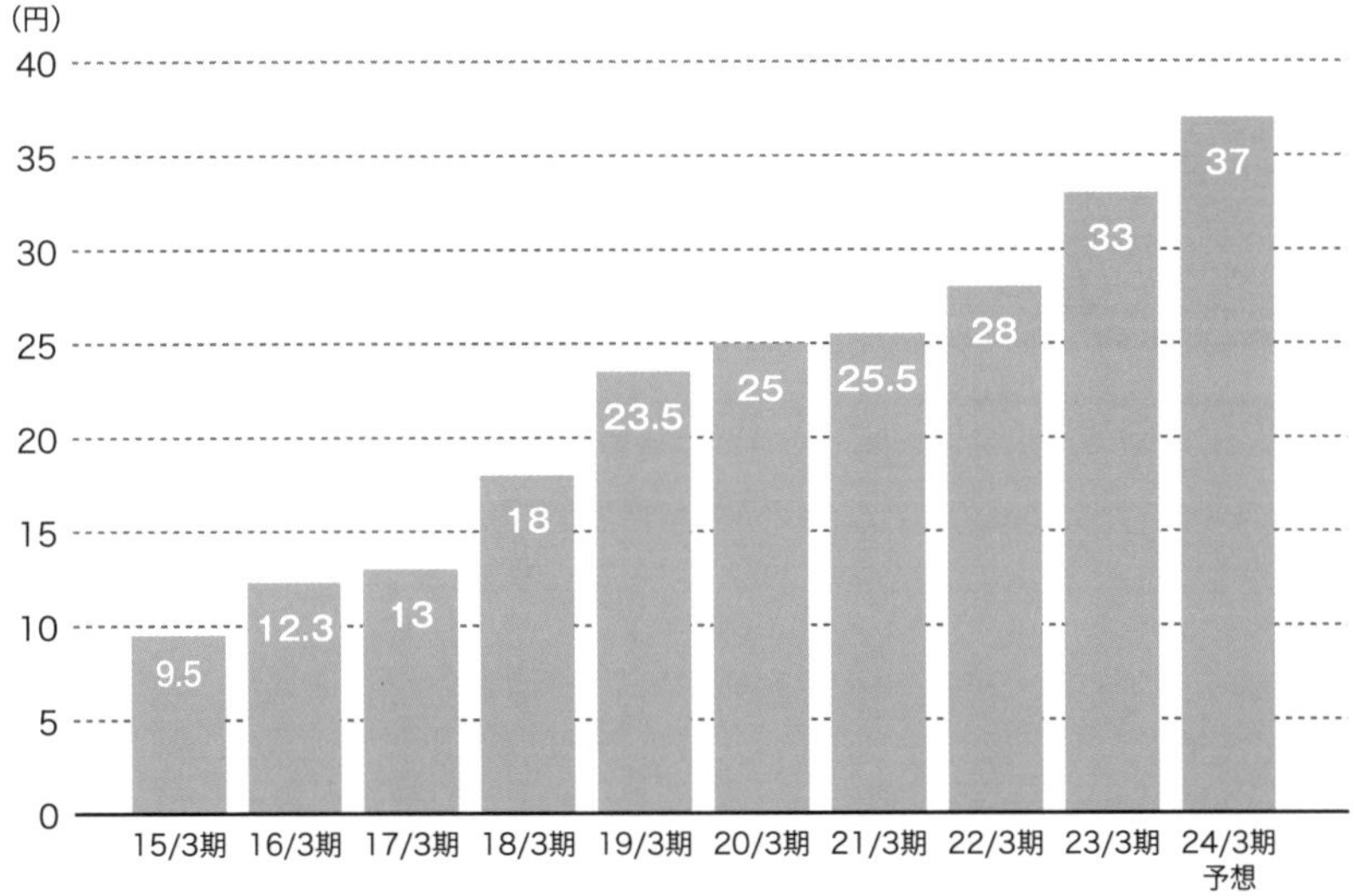

期	15/3期	16/3期	17/3期	18/3期	19/3期	20/3期	21/3期	22/3期	23/3期	24/3期予想
配当金（円）	9.5	12.3	13	18	23.5	25	25.5	28	33	37
増配率	18.8%	29.5%	5.7%	38.5%	30.6%	6.4%	2.0%	9.8%	17.9%	12.1%

24年連続増配中

三菱ＨＣキャピタルの配当利回りは、**3・9%**です（２０２３年10月24日時点）。

安定的な事業基盤・収益基盤を背景にして、三菱ＨＣキャピタルはなんと**24年連続増配を継続中**です。24年連続増配ということは、累進配当を24年以上続けていることも意味しています。株主還元意識の高さがうかがえます。

7 戸建住宅のトップブランド・積水ハウス

積水ハウスは、テレビＣＭ「♪家に帰れば〜積水ハウス♪」の歌でお馴染みの、戸建住宅のトップブランドです。知らない人はいないと言っても良いくらい、知名度が高いです。

戸建住宅に加え、賃貸住宅、マンション、リフォーム、都市再開発事業など、住まいを核にしてさまざまな事業を行っています。

海外事業が利益の30%を占めるほどに成長

「国内の安定成長」と「海外の積極的成長」を掲げ、国内はもちろん、海外での住宅不動産事業も積極的に展開しています。

現在はアメリカ、オーストラリア、シンガポールなどに進出しており、**海外事業は積水ハウス**

全体利益の約30%を稼ぐまでに成長してきました。

海外の住宅市場は成長が見込まれるため、今後も重点的に注力していくと予想されます。

最新テクノロジー採用や省エネ住宅の促進も

積水ハウスは、AIやIoT・ブロックチェーンを活用した超スマート社会の実現に向けて、各社と事業提携を進めるなど、最新のテクノロジーに関する取り組みにも積極的です。

脱炭素に貢献する**ZEH**（ゼッチ：ネット・ゼロ・エネ

● 積水ハウスの株価チャート（10年間）

※出典：TradingView（https://jp.tradingview.com/）

ルギー・ハウスの略※）の普及推進も行っています。戸建てのZEHのみならず、賃貸アパートや分譲マンションにおいても、ZEH仕様の住宅を建築しており販売も好調です。ZEHは高付加価値の物件なので販売価格も高く、積水ハウスにとっても通常物件よりも利益が取れる商品となっています。

※ZEH：消費エネルギーが正味ゼロの住宅。断熱性能や省エネ機器で使用エネルギーを抑え、屋根に太陽光発電を設置し創エネするなどプラスマイナスでゼロにする

配当金の下限を保証

積水ハウスの配当利回りは、**4・1%**です（2023年10月24日時点）。

積水ハウスは**11年連続増配を継続中**です。しかも、**配当金の下限**

● 積水ハウスの配当金の推移

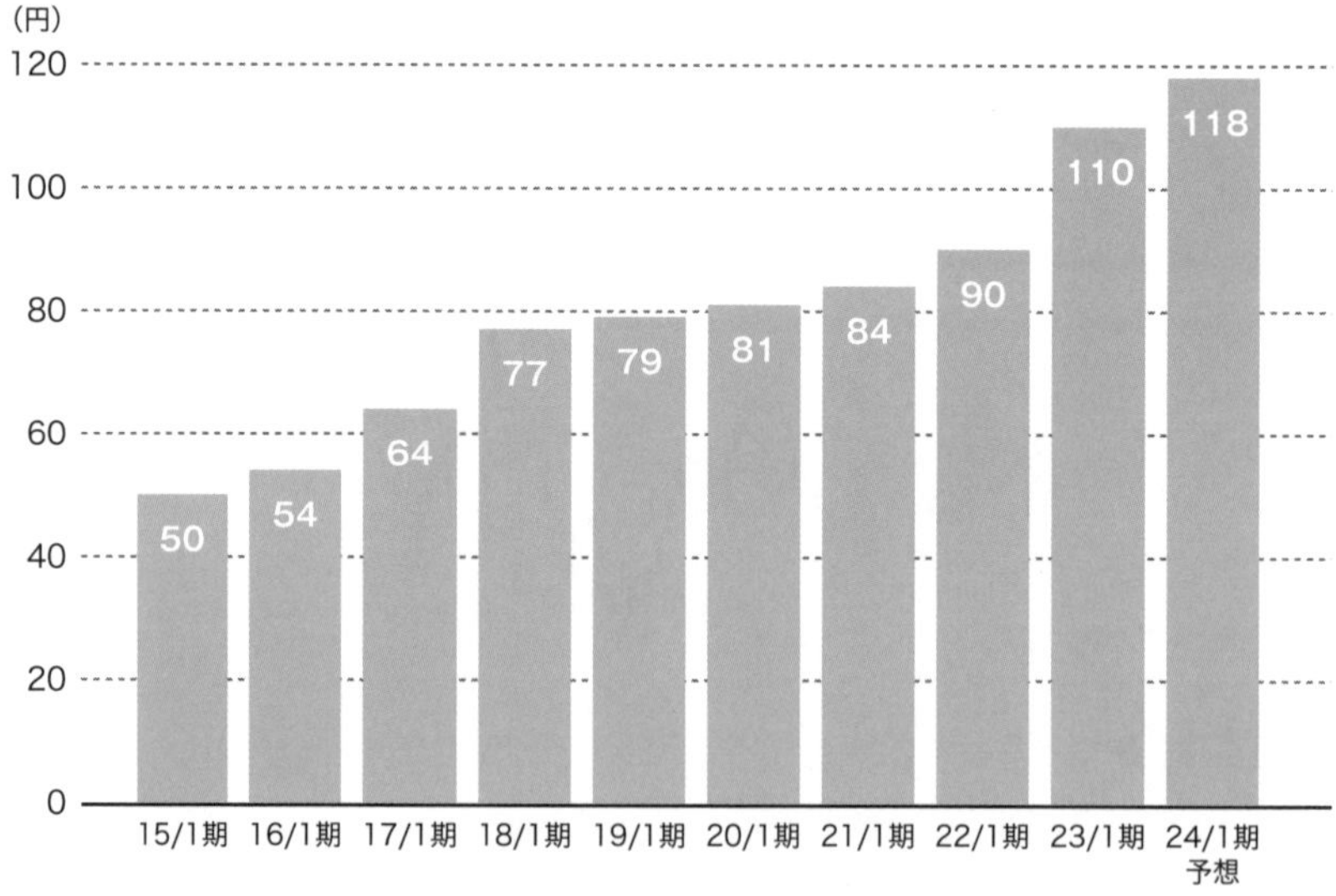

期	15/1期	16/1期	17/1期	18/1期	19/1期	20/1期	21/1期	22/1期	23/1期	24/1期 予想
配当金（円）	50	54	64	77	79	81	84	90	110	118
増配率	16.3%	8.0%	18.5%	20.3%	2.6%	2.5%	3.7%	7.1%	22.2%	7.3%

金額として1株当たり110円を保証しています。

下限保証は、その年の業績が悪くても、最低でも年間配当110円は支払い、もし業績が良ければ、110円に上乗せしてそれ以上の額にする、ということを意味します。

積水ハウスの株式を株価2800円で買ったとすると、下限保証の配当金110円で計算した配当利回りは、年間配当金110円 ÷ 株価2800円 = 3・9%になります。

積水ハウスはどんなに少なくとも年間配当金は110円を支払うと保証しているわけなので、この例のように株価2800円で買った場合、今後は最低でも配当利回り3・9%以上の配当金を受け取れることになります。

年間配当の下限の金額を会社が対外的に宣言することは、株主から見れば非常にありがたいことです。

対外的に発表した以上は簡単には変更はできないと考えられますが、配当金の下限保証の配当方針を今後変更しないかどうか、ウォッチしておく必要はあります。

8 グローバルな事業多角化・オリックス

オリックスはリース事業から始まり、投資、融資、生命保険、銀行、資産運用、不動産、自動車関連、航空機関連、環境エネルギー関連、海外事業などさまざまな事業を行っています。

オリックスも**世界約30か国で、グローバルに事業を拡大中**です。

海外のM&Aにも積極的で、注力中の環境エネルギー事業分野において、再生可能エネルギー会社の大型買収も実行しています。

今は**海外事業での利益が、オリックス全体の約40%を占める**までに成長しています。

58年黒字の偉業を達成中

右記のように多数の事業を行っているため、「オリックスは何の会社か分からない」とよく言われますが、**逆にこの点がオリックスの強み**でもあります。

事業を多角化しているので、

● オリックスの株価チャート（10年間）

※出典：TradingView（https://jp.tradingview.com/）

ある事業が不振でも、好調な他事業がカバーし、オリックスグループ連結全体で見ると業績はおおむね順調、という結果も得られます。

　このオリックスの強みは、設立初年度を除き、なんと**58年間毎期黒字を計上**しているという収益体質の強さにも表れています。58年間毎期黒字ということは、バブル経済崩壊、リーマンショック、コロナショックなどの厳しい事業環境においても赤字になっていないということです。オリックスの持続的に成長する力を感じます。

● **オリックスの配当金の推移**

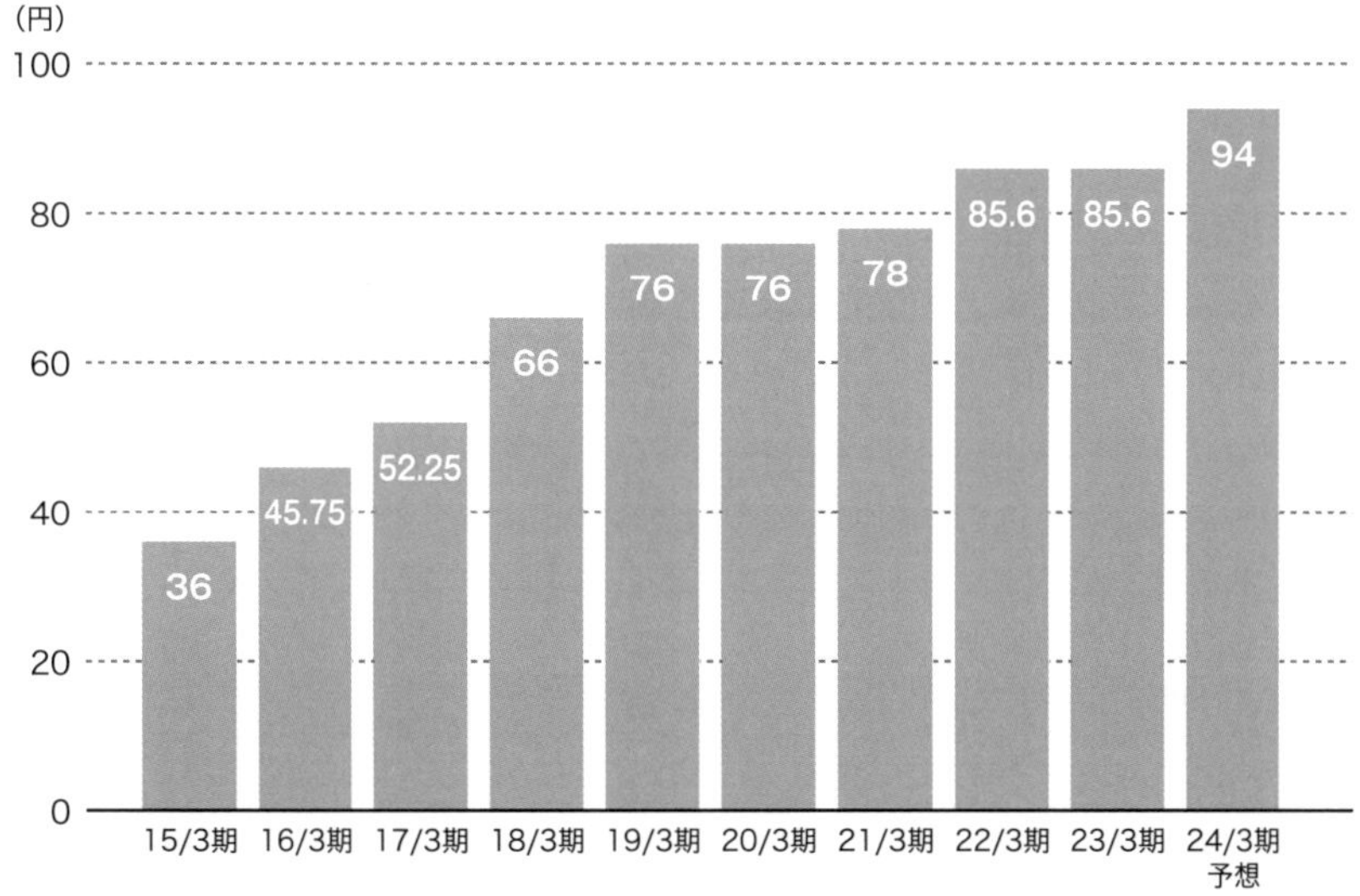

期	15/3期	16/3期	17/3期	18/3期	19/3期	20/3期	21/3期	22/3期	23/3期	24/3期 予想
配当金（円）	36	45.75	52.25	66	76	76	78	85.6	85.6	94
増配率	56.5%	27.1%	14.2%	26.3%	15.2%	0.0%	2.6%	9.7%	0.0%	9.8%

大阪IR案件を受注

２０２３年４月にオリックスは、２０３０年開業予定の**大阪IRプロジェクト（カジノ）**の認可を国から正式に受けました。米国ＭＧＭ社と共同で手掛けます。大型案件となるので、大幅増収への期待が高まります。

実質的に累進配当政策を公約

オリックスの配当利回りは、**３・５％**です（２０２３年10月24日時点）。

オリックスは、**配当性向（当期純利益のうち配当金として支払う割合）33％または前期配当金額のいずれか高い方を配当金とする方針**を示しています。

「いずれか高い方」なので、少なくとも前期配当金額以上は支払われる、すなわち**実質的に累進配当が約束**されています。

9 住友化学系の化学専門商社・稲畑産業

稲畑産業は、１８９０年（明治23年）に稲畑家が創業した、１３０年以上の歴史を有する**化学専門商社**です。

現在、稲畑産業は住友化学の持分法適用関連会社（住友化学は稲畑産業株式の24％を有する大株主）であり、資本関係は安定しています。

化学品の専門商社として、情報電子事業（液晶パネル・有機ＥＬ・ＬＥＤ製品・太陽電池・半導体など）と合成樹脂事業（自動車向け・建築資材関連など）をメインの柱に、生活産業事業（食品加工品・農産品関連）なども行っています。

欧州、北米、南米、アジアなど、世界19か国に約60拠点を有し、グローバルなネットワーク体制を構築しています。

累進配当政策を公約

稲畑産業の配当利回りは**４・**

● 稲畑産業の株価チャート（10年間）

※出典：TradingView（https://jp.tradingview.com/）

0%です（2023年10月24日時点）。

稲畑産業は三菱商事などと同様、**累進配当政策**を採用することを対外的に発表し公約している数少ない貴重な企業です。

また、QUOカードの株主優待も実施しています。

● **稲畑産業の配当金の推移**

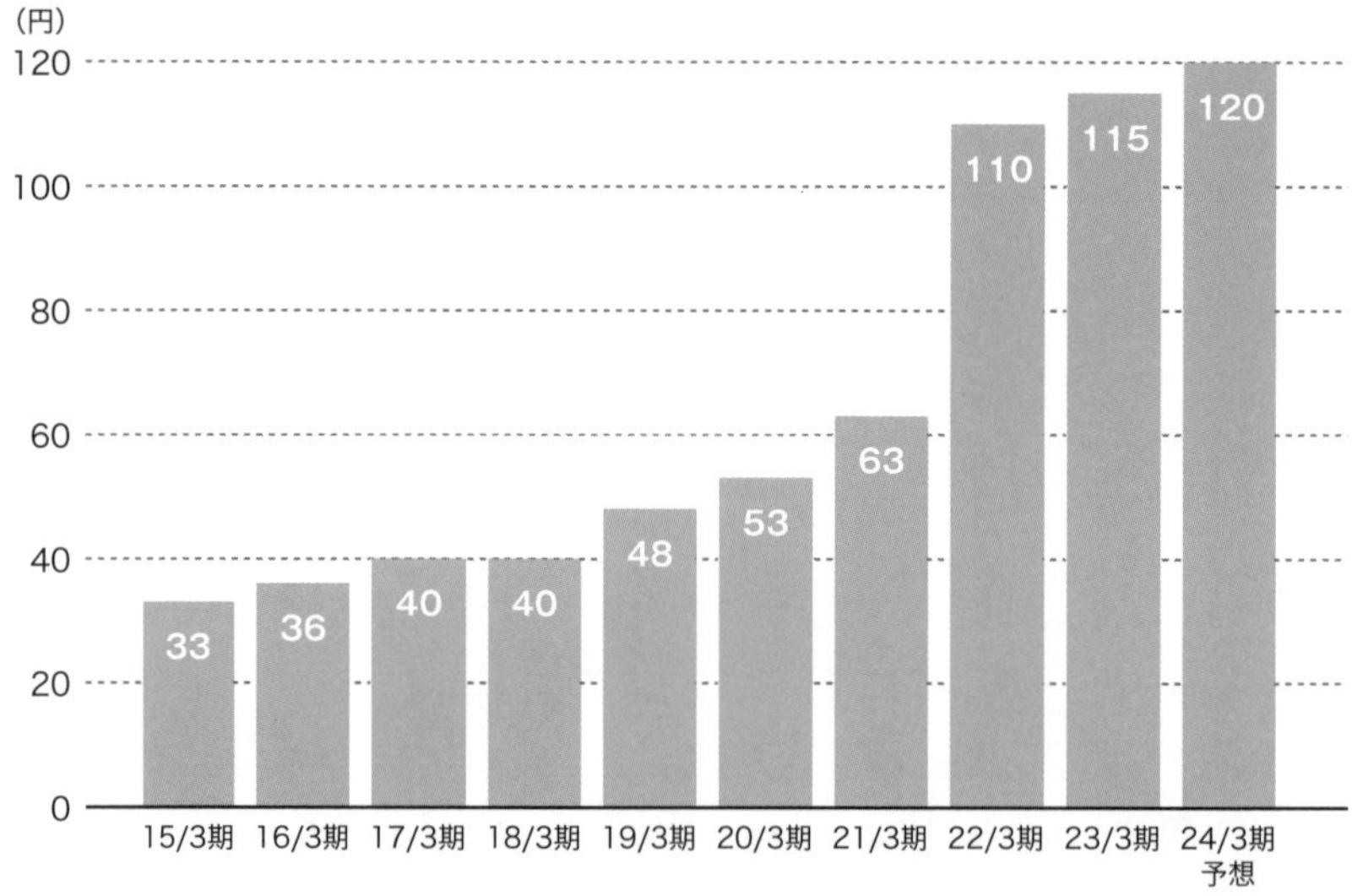

期	15/3期	16/3期	17/3期	18/3期	19/3期	20/3期	21/3期	22/3期	23/3期	24/3期 予想
配当金（円）	33	36	40	40	48	53	63	110	115	120
増配率	10.0%	9.1%	11.1%	0.0%	20.0%	10.4%	18.9%	74.6%	4.5%	4.3%

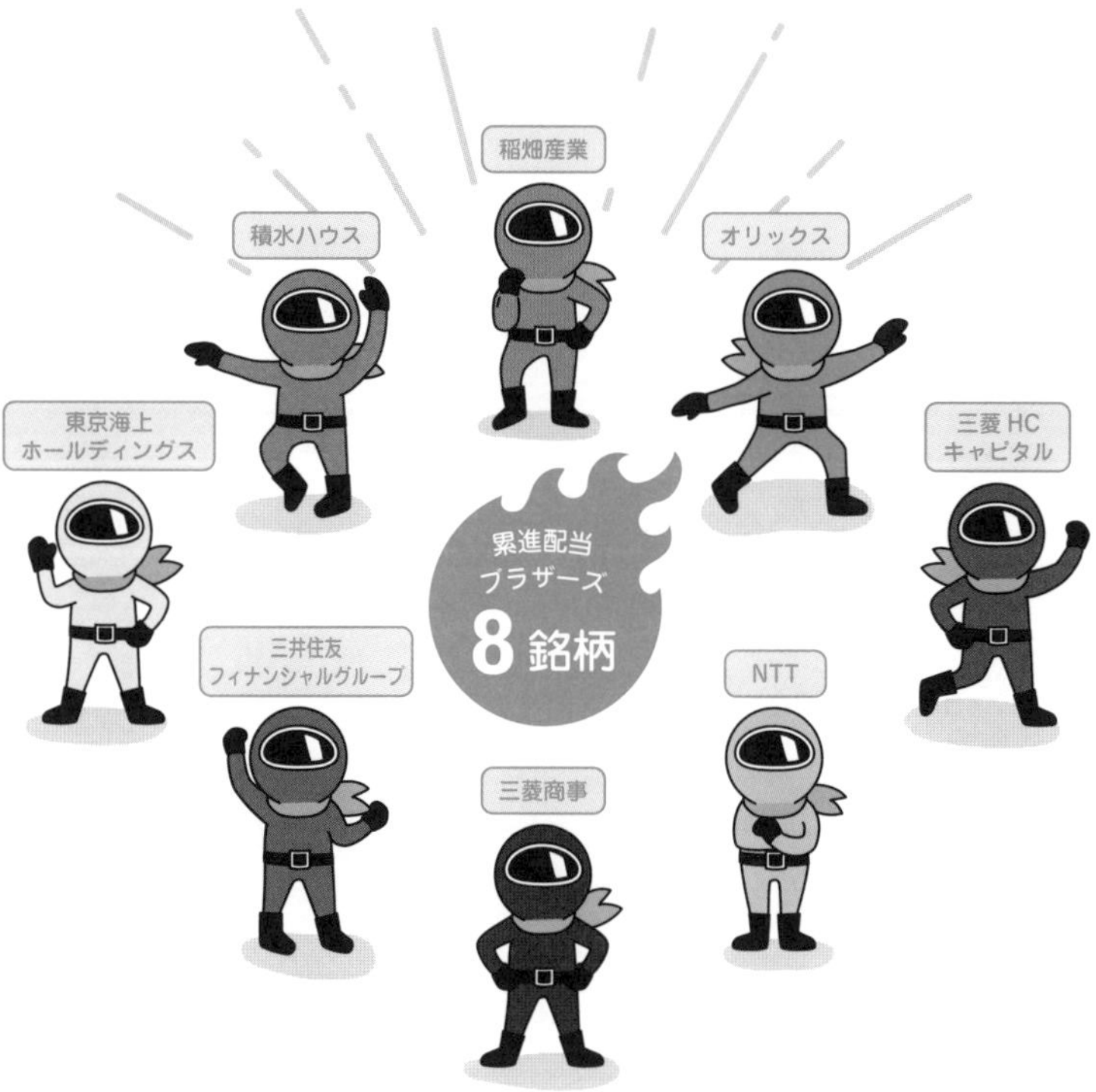

ここがポイント

- 累進配当ブラザーズ8社は、減配しない累進配当を対外的に公約または長年継続している優良な高配当株企業
- ただし、配当方針の変更はあり得るので、継続的にウォッチが必要

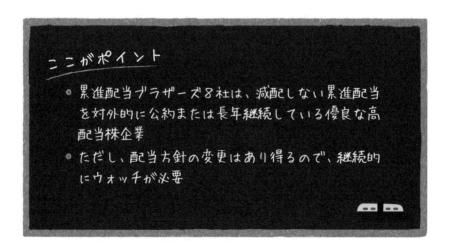

02 優良高配当株7銘柄

次に、累進配当ブラザーズに次ぐ優良な高配当株7社を紹介します。これらの高配当株は、今後累進配当ブラザーズの仲間入りをする可能性もある銘柄です。

1 原油・天然ガス開発最大手・ＩＮＰＥＸ

ＩＮＰＥＸは、**日本最大の原油・天然ガスの開発企業**です。２０２１年４月に国際石油開発帝石から社名変更しました。

環境に配慮した二酸化炭素ゼロ施策「ネットゼロ5分野」

ＩＮＰＥＸは、原油・天然ガスの供給によって、日本と世界の

この7銘柄も2023年の急激な株価上昇で配当利回りが低下し、配当利回り3％を切っているものがあります。
状況を見て配当利回り3％以上での購入タイミングを狙ってください！

エネルギー需要を満たすとともに、近年の地球温暖化問題・脱炭素社会への移行に対応する事業「**ネットゼロ5分野**」の育成も進めています。

ネットゼロ5分野とは、ネットゼロカーボン（二酸化炭素ゼロ）社会への移行に向けた5つの事業です。①水素・アンモニア事業、②CCUS事業（二酸化炭素回収・有効利用・貯留）、③再生可能エネルギー事業、④カーボンリサイクル・新分野事業、⑤森林保全事業の5つで、国際的に環境への影響が重視されるなか、今後これらの分野での事業成長が期待されていま

● INPEXの株価チャート（10年間）

※出典：TradingView（https://jp.tradingview.com/）

す。

簡単には参入できない原油・天然ガス事業

原油・天然ガスの開発では、アジア、中東、オセアニア、欧州、アメリカなど世界中の鉱区の取得から探鉱、生産、販売まで行います。

探す↓掘る↓精製する↓運ぶ作業を一貫して行うため、地質調査、物理探査、掘削、精製、海上輸送、パイプラインなど、さまざまな専門技術が必要で、他社が簡単に参入できる事業ではありません。**参入障壁が非常に高い事業**といえます。

● INPEXの配当金の推移

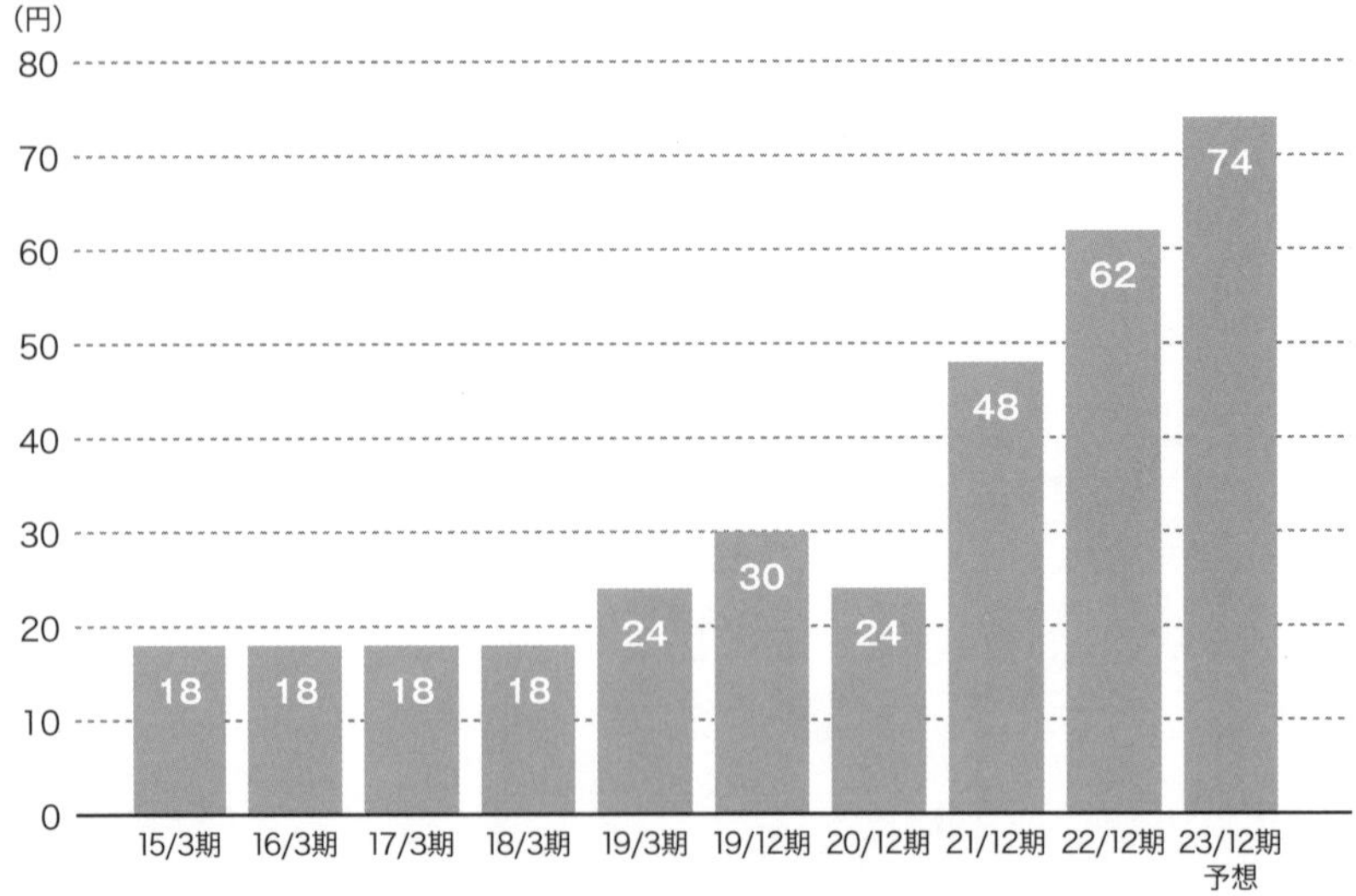

期	15/3期	16/3期	17/3期	18/3期	19/3期	19/12期	20/12期	21/12期	22/12期	23/12期 予想
配当金（円）	18	18	18	18	24	30	24	48	62	74
増配率	0.0%	0.0%	0.0%	0.0%	33.3%	25.0%	-20.0%	100.0%	29.2%	19.4%

※19/12期は決算期変更のため9か月決算

資源価格の変動が業績に影響するため、配当金の下限を保証

ＩＮＰＥＸの配当利回りは**３・４％**です（２０２３年10月24日時点）。

ＩＮＰＥＸの売上高は、全体の売上高のうち、**原油関連が7割以上、天然ガス関連が2割以上**を占めています。この事業の性質上、**ＩＮＰＥＸの業績は、原油と天然ガスの市況価格に大きな影響を受けます**。市況価格の変動が大きければ、業績も大きく上下します。

この点をカバーするために２０２２年2月、ＩＮＰＥＸは**業績が一時的に下がった場合でも、配当金の下限を保証（1株当たり配当金30円以上）**することを発表しました。

配当金の下限保証があることで、株主は業績が下がった年でも、最低1株当たり30円の配当金は受け取れます。逆に、原油・天然ガスなどの資源価格が大幅に上昇した年は、ＩＮＰＥＸは大きな利益を得ることができるため、配当金も増加します。

簡単にはなくならない原油・天然ガスの需要

近年は、脱炭素社会の実現が叫ばれる中で、二酸化炭素を排出する化石燃料である原油・天然ガスの需要は、将来にわたって少しずつ縮小するとも言われています。

しかし原油の用途は、熱源（火力発電所・暖房など）、動力源（自動車・飛行機・船舶などの燃料）、原料（プラスチック・化学繊維など）など、多岐にわたります。

そのため二酸化炭素削減といっても、これら**多種多様な用途に使われている原油を一気になくすことは、技術的にも経済的にも不可能**です。

たとえばガソリン車から電気自動車ＥＶにシフトすれば、原油の需要を一気に減らせるような気がしますが、代わりに**これまで以上に電気が必要**になります。そのＥＶを動かす電気は、どうやって作っているのでしょうか。

そう、**原油による火力発電がメイン**です。

もちろん、火力発電が１００％ではなく、各国政府も再生可能エネルギーの割合を増やそうとしていますが、太陽光・風力などからの発電は自然状況に発電量が左右される不安定なものです。よって、**原油を使う火力発電による電力のバックアップが必要**となります。

また天然ガスは、化石燃料の中でも二酸化炭素排出量が少なく、比較的環境に優しいエネルギーです。そのため、**脱炭素社会への移行期には、天然ガスへの高い需要が見込まれます**。

このような情勢の中で、原油・天然ガスは、世界的にまだまだ必要な状況が続きます。

ＩＮＰＥＸ株購入でインフレ対策も

ＩＮＰＥＸは、**インフレ対策銘柄の一面**もあります。

原油価格や天然ガス価格が上がると、ガソリン代や電気代その他の物価も高騰し、インフレが起きて生活費が上がるため、私たちの暮らしを直撃します。

一方で、**原油価格の上昇はＩＮＰＥＸの業績には有利**です。株主も恩恵を受けられます。つまり、ＩＮＰＥＸの株式を持っておけば、このような資源価格の上昇や物価インフレに対応することができます。この点でも、ＩＮＰＥＸへの投資は魅力的です。

またＩＮＰＥＸは、４００株以上でＱＵＯカードの株主優待も実施しています。

日本政府が大株主

ＩＮＰＥＸは、**日本政府がＩＮＰＥＸ株式の20％を所有する大株主**になっていて、いわゆる**黄金株**も所有しています。黄金株とは、合併など一定の重要事項に関する株主総会決議において、拒否権を持つ株です。つまり**ＩＮＰＥＸが、原油・天然ガスという、日本にとって極めて重要なエネルギーに関する国策会社でもある**ことを意味します。

ＩＮＰＥＸは、日本政府にとっても大事な会社であり、原油・天然ガスの開発にあたっては、国からそれ相応の有形無形のバックアップが望めます。

2 日本最大規模の金融グループ・三菱ＵＦＪフィナンシャル・グループ

２つ目に紹介するのが三菱ＵＦＪフィナンシャル・グループです。持株会社で、その傘下に、三菱ＵＦＪ銀行、三菱ＵＦＪ信託銀行、三菱ＵＦＪモルガン・スタンレー証券、三菱ＵＦＪニコス、アコムなどを有する、**日本最大規模の金融グループ**です。

収益の半分は海外から

アメリカ、ヨーロッパ、アジアにも幅広く事業展開しているのが特徴です。特に、**米国モルガン・スタンレーに約22%を出資**していて、決算においては同社収益が三菱ＵＦＪフィナンシャル・グループに与える影響が大きくなっています。**全体収益の約半分は海外**です。

累進配当を継続中

三菱ＵＦＪフィナンシャル・グループの配当利回りは**3・4%**です（２０２３年10月24日時点）。

● 三菱ＵＦＪフィナンシャル・グループの株価チャート（10年間）

※出典：TradingView（https://jp.tradingview.com/）

同社は配当金について「利益成長を通じた1株当たり配当金の安定的・持続的な増加を基本方針」としており、**実質的に累進配当を継続**しています。

下表のとおり、ここ数年の増配率も非常に高く、三菱UFJフィナンシャル・グループの収益力と株主還元意識の高さが示されています。

● 三菱UFJフィナンシャル・グループの配当金の推移

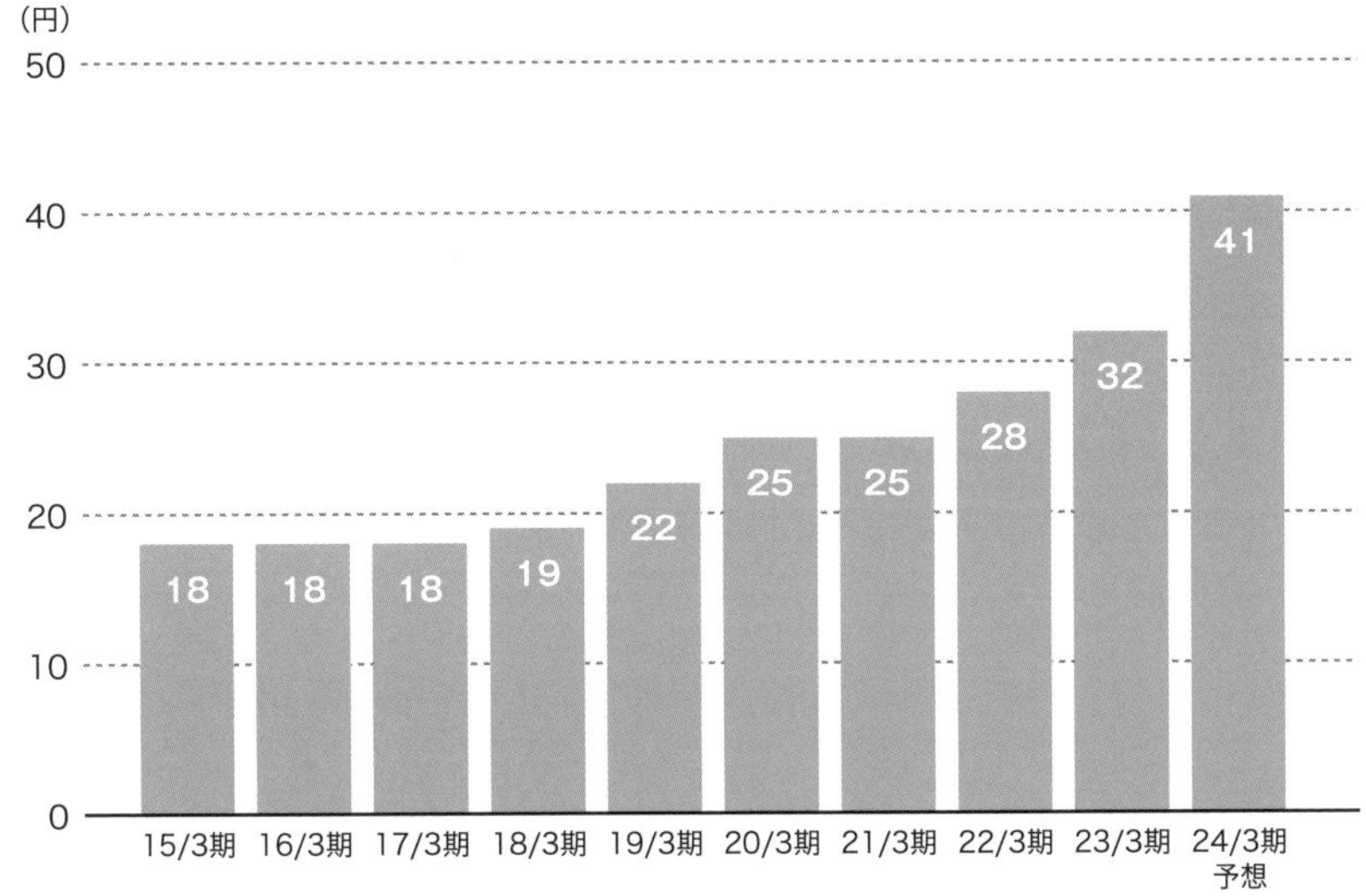

期	15/3期	16/3期	17/3期	18/3期	19/3期	20/3期	21/3期	22/3期	23/3期	24/3期 予想
配当金（円）	18	18	18	19	22	25	25	28	32	41
増配率	12.5%	0.0%	0.0%	5.6%	15.8%	13.6%	0.0%	12.0%	14.3%	28.1%

3 資源分野に強い総合商社・三井物産

三井物産は大手総合商社の一角として、金属資源、エネルギー、機械、インフラ、鉄鋼製品などさまざまな事業を行っています。大手総合商社は三菱商事、三井物産、伊藤忠商事の3社で毎年業界トップの利益を競う関係です。

鉄鉱石、石炭、原油、天然ガスなどの資源分野に強いことが、三井物産の特徴です。**資源分野の利益は、全体利益の6割以上**を占めます。このため、**資源価格の市況に業績**

● 三井物産の株価チャート（10年間）

※出典：TradingView（https://jp.tradingview.com/）

が左右されやすいです。

三井物産の業績は、鉄鉱石などの資源価格が高騰すれば空前の利益を上げますが、逆に資源価格が下落すれば、業績も急降下しかねない恐れがあります。事業バランスを取るため、三井物産も非資源分野に力を入れていますが、現在はまだ資源分野の割合が多い状況です。

累進配当政策を新たに導入

三井物産の配当利回りは、**2・8%**です（2023年10月24日時点）。

三井物産はこれまでも配当

● 三井物産の配当金の推移

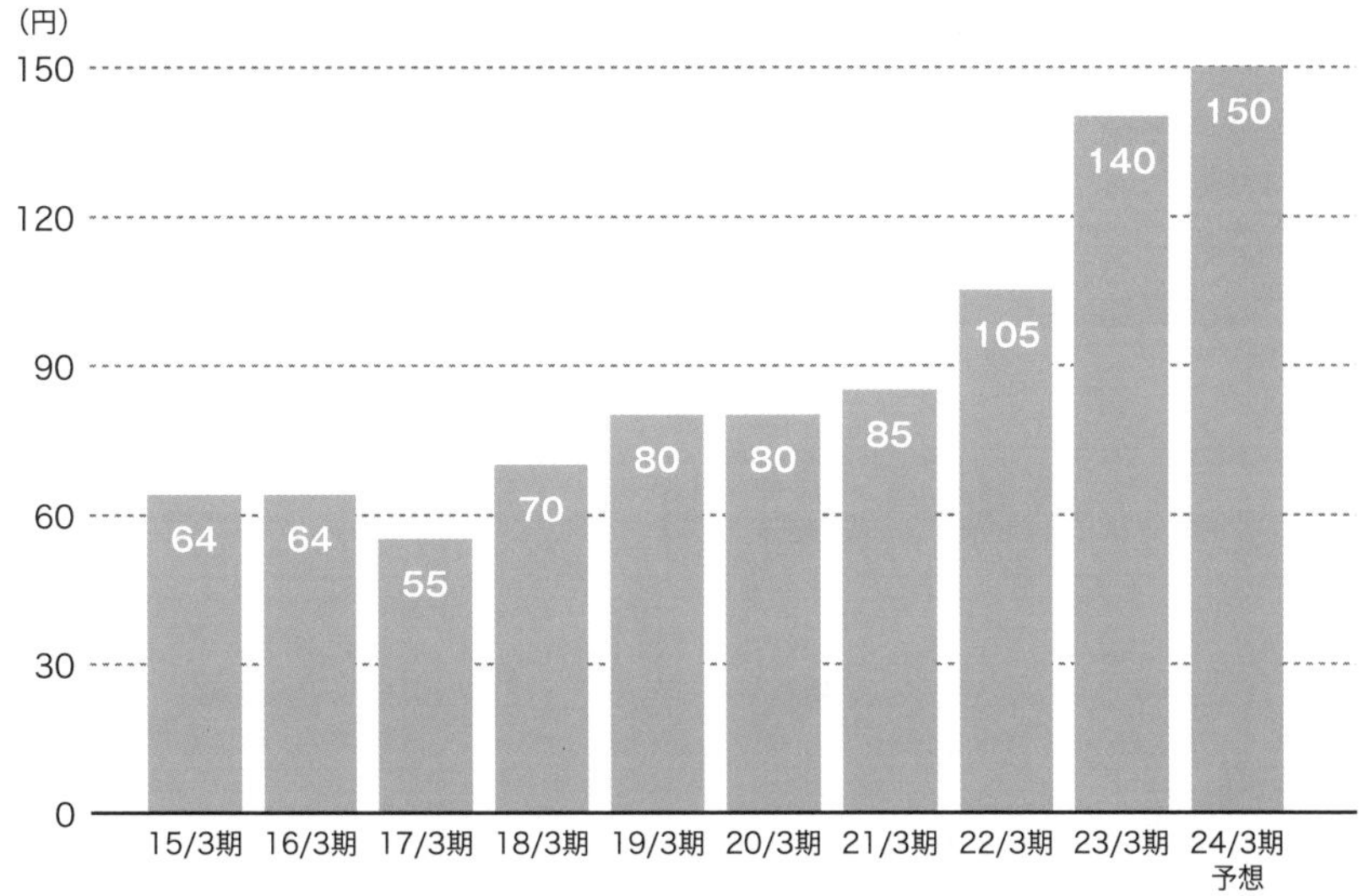

期	15/3期	16/3期	17/3期	18/3期	19/3期	20/3期	21/3期	22/3期	23/3期	24/3期 予想
配当金（円）	64	64	55	70	80	80	85	105	140	150
増配率	8.5%	0.0%	-14.1%	27.3%	14.3%	0.0%	6.3%	23.5%	33.3%	7.1%

金の下限保証を行っていましたが、2023年5月の新中期経営計画の公表に合わせて、**1株当たり配当金150円を下限とする累進配当政策を導入**することを発表しました。株主にとっては非常に評価できる決断です。

なお2020年8月にウォーレン・バフェット氏が日本の総合商社株を大量に購入した際、その中に三井物産の株式も含まれています。

4 総合通信事業第2位・KDDI

KDDIは、NTTに次い

● KDDIの株価チャート（10年間）

※出典：TradingView（https://jp.tradingview.com/）

で**国内第2位の総合通信事業会社**です。テレビCMでお馴染みのauやUQモバイルなどのブランドで、スマートフォン・5G関連事業を展開しています。

金融事業をはじめ非通信事業にも注力しており、KDDIグループには、auじぶん銀行、auペイ、auカブコム証券などのサービスがあります。

参入障壁の高い独占的・寡占的な携帯電話事業を行っているKDDIは、高い収益力を持っています。**典型的なストックビジネスで、キャッシュを創出する力も高い**です。

● KDDIの配当金の推移

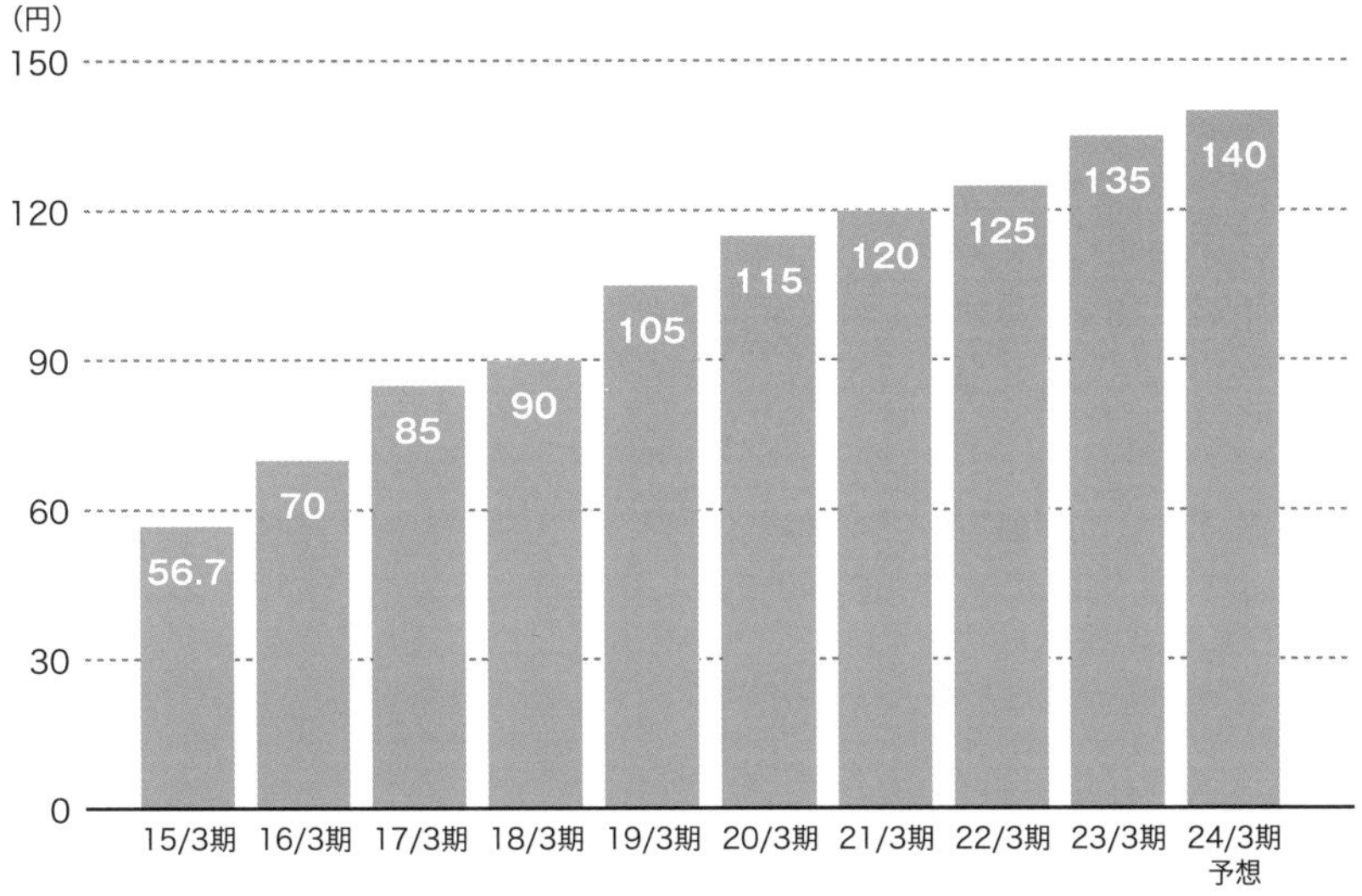

期	15/3期	16/3期	17/3期	18/3期	19/3期	20/3期	21/3期	22/3期	23/3期	24/3期 予想
配当金（円）	56.7	70	85	90	105	115	120	125	135	140
増配率	30.9%	23.5%	21.4%	5.9%	16.7%	9.5%	4.3%	4.2%	8.0%	3.7%

21年連続増配中

ＫＤＤＩの配当利回りは**３・１％**です（２０２３年10月24日現在）。

現在ＫＤＤＩは、**21年連続増配を継続**している実績があり、配当方針には「今後も、持続的な増配を目指します」と明記されています。

株主優待も充実

また、個人投資家に大人気の株主優待も実施しています。ＫＤＤＩの株主優待はカタログギフトです。保有株式数と保有期間に応じて、３０００円、５０００円、１万円相当のカタログギフトがもらえます。肉やサーモン、うなぎなど、どれにしようか目移りしてしまうような内容です。長く保有すれば金額がアップする仕組みで、長期の安定株主の増加を狙っています。

5 生命保険業界トップクラス・第一生命ホールディングス

第一生命ホールディングスは持株会社で、傘下に第一生命保険などのグループ会社を有しています。

生命保険業界の現在の構図は、第一生命と日本生命（非上場）がトップを争い、上位２社から離れて３位を争う明治安田生命（非上場）、住友生命（非上場）、かんぽ生命（上場）が続いていいます。

海外事業が全体の30%の利益を占めるまでに成長

第一生命は**海外保険事業に積極的**で、M&Aでアメリカ、イギリス、オーストラリア、ニュージーランド、インド、ベトナム、タイ、インドネシア、カンボジア、ミャンマーなど世界各国に進出し、保険事業を展開しています。

第一生命の全体利益のうち、**海外保険事業が占める割合は30%以上に成長**しています。今後も海外市場の伸びに伴い、海外保険事業の高い成長が見込まれています。

● 第一生命ホールディングスの株価チャート（10年間）

※出典：TradingView（https://jp.tradingview.com/）

減配は原則行わないと明言

保険会社のビジネスモデルは、キャッシュリッチな事業です（162頁参照）。株主に支払う配当金のための現金もたくさん持っています。

魅力的なビジネスモデルである保険会社の国内大手、第一生命ホールディングスの配当利回りは、**2・8%**です（2023年10月24日時点）。

第一生命は配当方針について、「1株当たり配当の減配は原則行わない」と明言しています。これはもう、**減配しない累進配当政策を公約しているのとほぼ同じ**です。ここまではっきりと言ってくれる

● 第一生命ホールディングスの配当金の推移

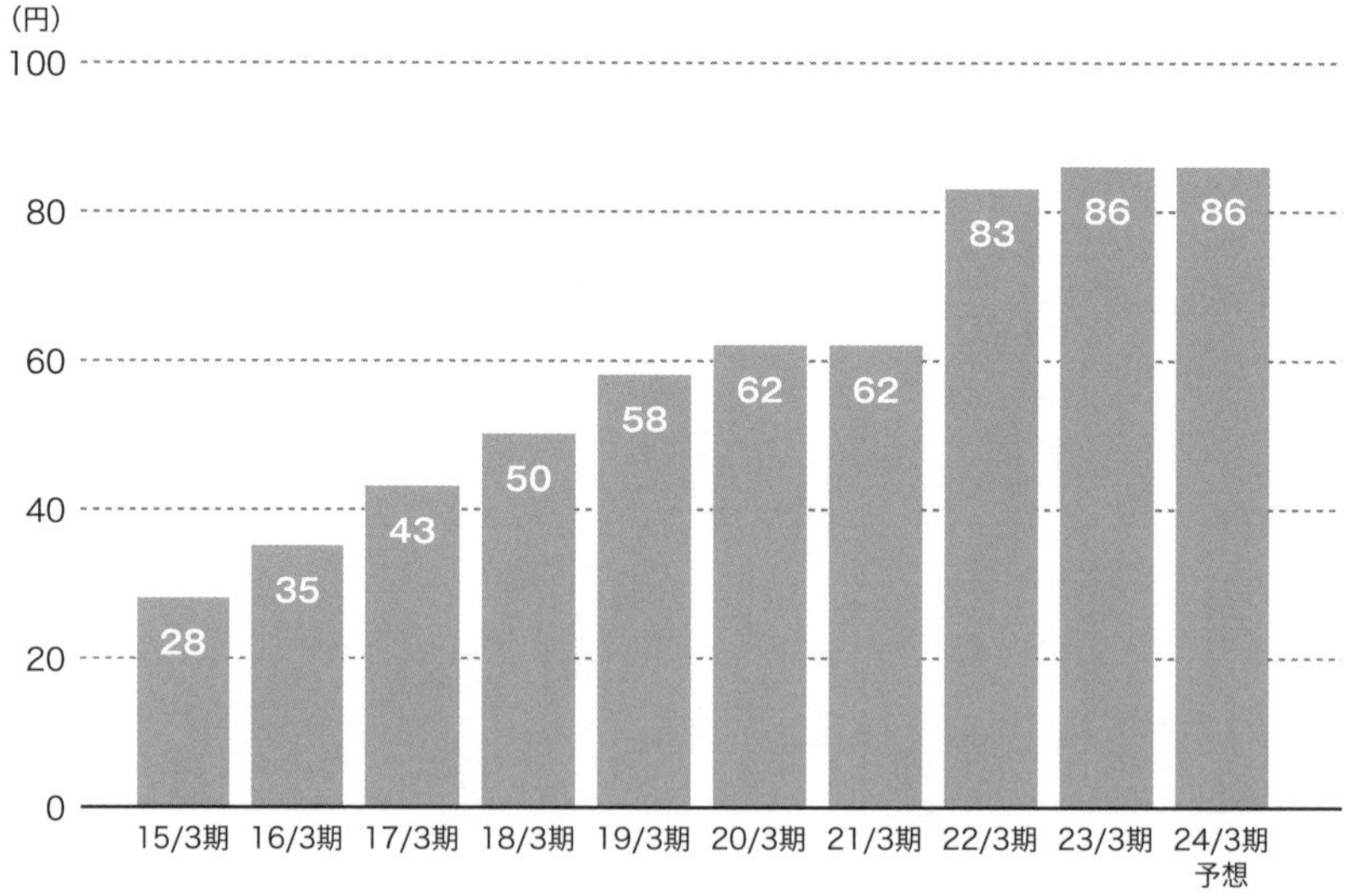

期	15/3期	16/3期	17/3期	18/3期	19/3期	20/3期	21/3期	22/3期	23/3期	24/3期 予想
配当金（円）	28	35	43	50	58	62	62	83	86	86
増配率	40.0%	25.0%	22.9%	16.3%	16.0%	6.9%	0.0%	33.9%	3.6%	0.0%

と、株主としてもありがたいですね。

6 高収益の医薬品グローバル企業・アステラス製薬

アステラス製薬は、2005年に山之内製薬と藤沢薬品工業が合併し誕生しました。国内医薬品で第2位の企業です(第1位は武田薬品工業)。

薬の研究から開発、製造、販売までを行い、現在は前立腺がん治療薬を主力製品としています。

日本国内だけではなく、欧米やアジアにも研究開発・生

● アステラス製薬の株価チャート(10年間)

※出典:TradingView(https://jp.tradingview.com/)

産拠点を有し、世界70か国以上で事業を展開する、グローバル企業です。アステラス製薬の全体売上高のうち、実に**80％以上を海外事業**が占めています。

新薬の発売は長期的な利益になる

一つの新薬を市場で販売するまでに育てるには、多額の研究開発費用（数百～数千億円レベル）、長期の期間（10～20年程度）、各国当局の複雑な承認申請手続きなどが必要です。新薬の候補のうち、実際に薬になるのは万に一つとも言われています。

これほどの費用と労力がかかりますが、いったん承認されて薬と

● アステラス製薬の配当金の推移

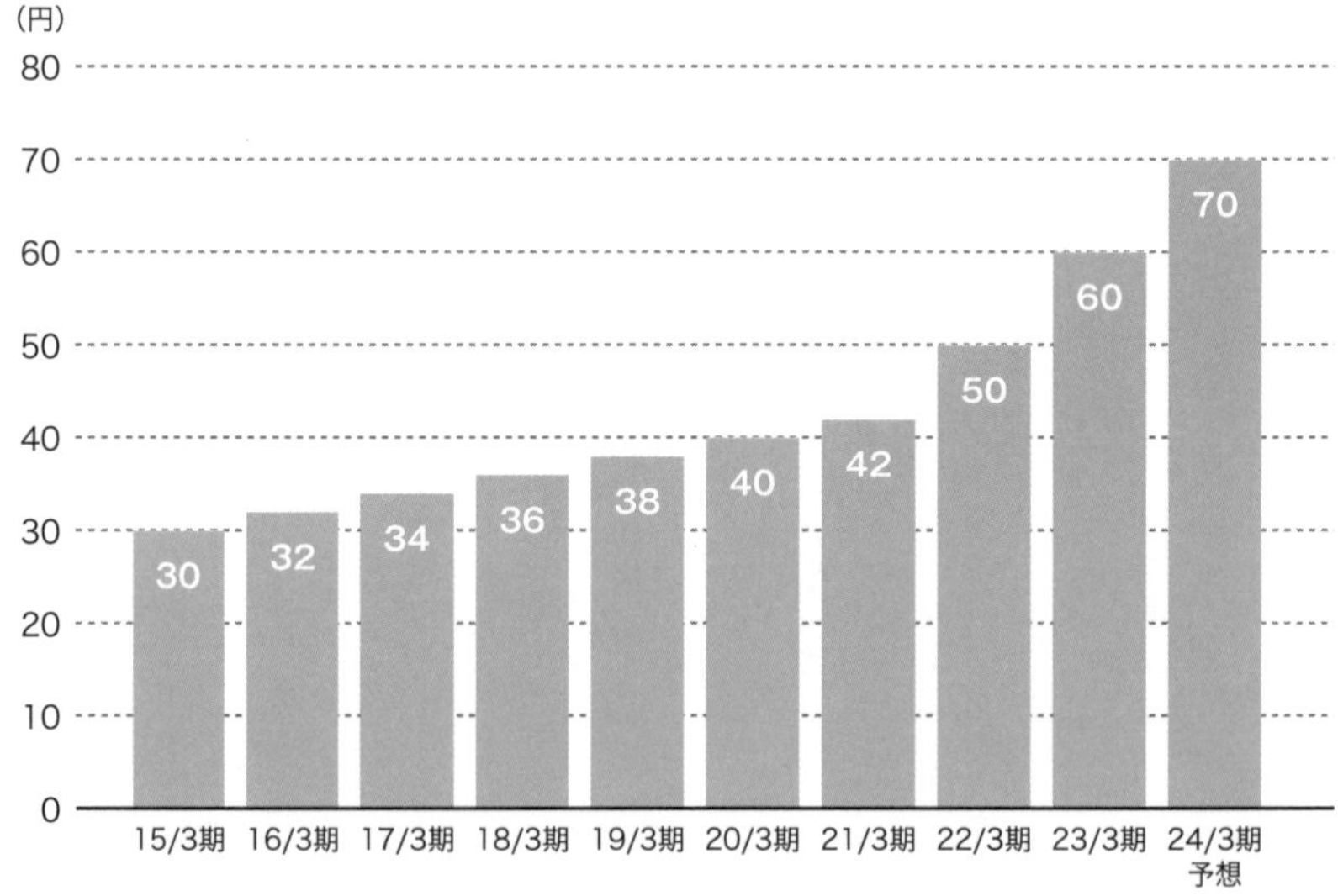

期	15/3期	16/3期	17/3期	18/3期	19/3期	20/3期	21/3期	22/3期	23/3期	24/3期予想
配当金（円）	30	32	34	36	38	40	42	50	60	70
増配率	11.1%	6.7%	6.3%	5.9%	5.6%	5.3%	5.0%	19.0%	20.0%	16.7%

して販売できたら、その後何年も大きな利益を稼ぎます。それまで世の中になかった薬の需要は高く、販売価格も高くなります。そのため**製薬会社の利益率は高く、アステラス製薬も高収益体質**の会社です。

合併で誕生以来減配なし

アステラス製薬の配当利回りは**3・6%**です（2023年10月24日時点）。

アステラス製薬は、配当方針を「配当については、連結ベースでの中長期的な利益成長に基づき、安定的かつ持続的な向上に努める」としており、**同社が2005年に合併で誕生して以来、減配をしていません**。累進配当を長年継続している貴重な企業です。

7 ビール類で国内トップクラス・キリンホールディングス

キリンホールディングスは持株会社で、傘下にキリンビール、キリンビバレッジ、メルシャン、小岩井乳業、協和キリン（医薬品）などのグループ会社を有しています。

アサヒビールと競争しつつ、**ビール類のシェアは国内トップクラス**です。一番搾り、本麒麟、ラガー、淡麗、氷結（チューハイ）、メルシャンのワイン、午後の紅茶、生茶、FIRE（缶コーヒー）、キリンレモン、プラズマ乳酸菌iMUSE（イミューズ）など、消費者向けにお馴染みの商品を販売しています。

海外売上も約４割

キリンホールディングスは、全体売上高の約３割を占める国内ビール事業が主力です。しかし昨今は海外事業や医薬品も伸びており、オーストラリア、アメリカ、アジアなどの**海外事業の売上高は、全体売上高の約４割を占めます。**軍事政変により撤退となったミャンマー事業の損失計上が決着したことも好材料です。

上場以来、70年以上減配なし

キリンホールディングスの配当利回りは**３・３％**です

● キリンホールディングスの株価チャート（10年間）

※出典：TradingView（https://jp.tradingview.com/）

（2023年10月24日時点）。

キリンホールディングスは、記念配当を除く普通配当ベースで、**1949年に上場して以来なんと一度も減配していません**。つまり、累進配当を70年以上も継続しているということです。

一般的に食料品と医薬品の業種は、不況でも簡単には支出削減できない生活必需品であるためディフェンシブな業種と言われていますが、キリンホールディングスの配当金の安定感は素晴らしいです。

自社商品の株主優待も実施しています。保有株数に応じて、キリンビールやキリンビ

● キリンホールディングスの配当金の推移

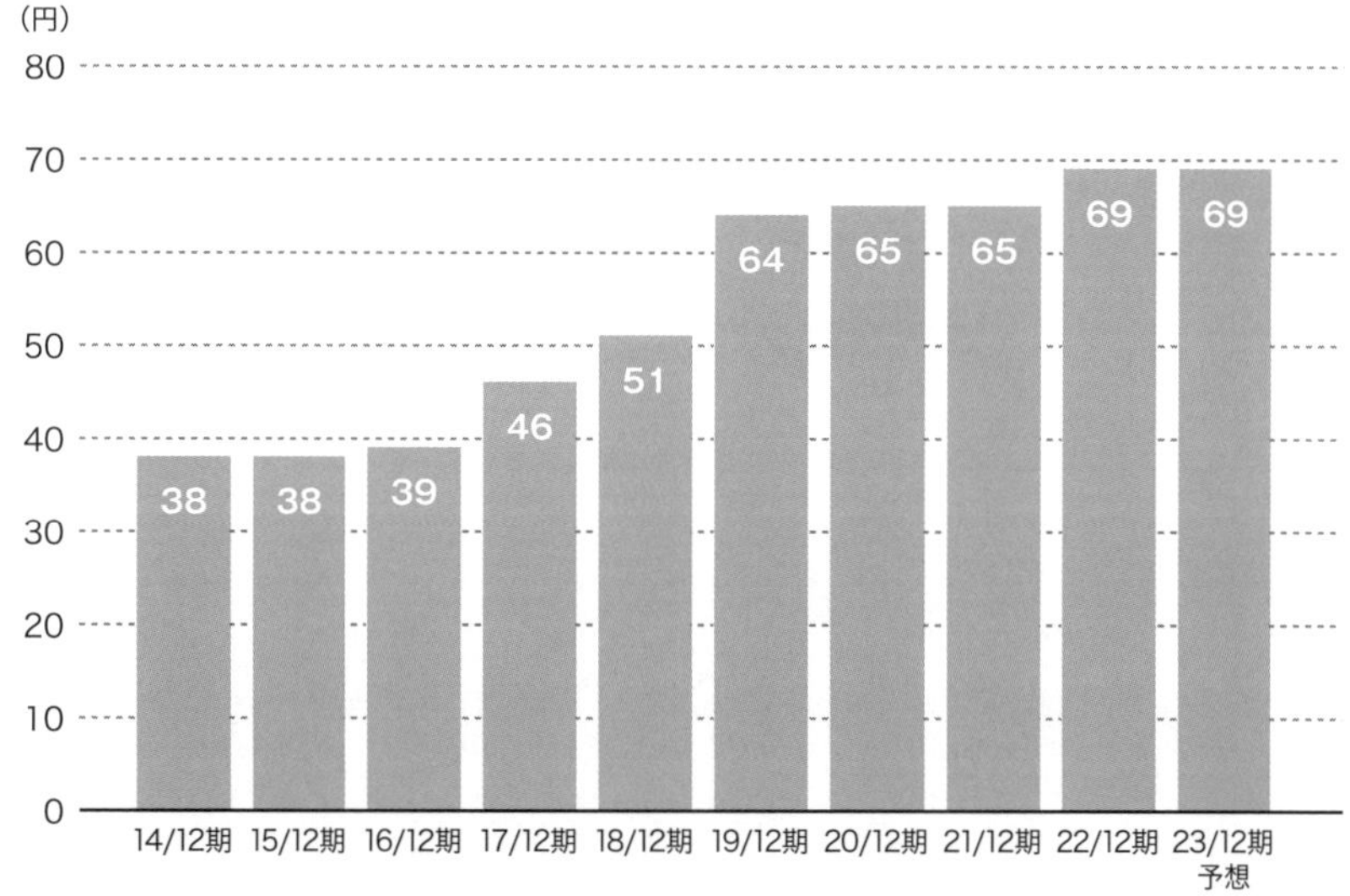

期	14/12期	15/12期	16/12期	17/12期	18/12期	19/12期	20/12期	21/12期	22/12期	23/12期 予想
配当金（円）	38	38	39	46	51	64	65	65	69	69
増配率	5.6%	0.0%	2.6%	17.9%	10.9%	25.5%	1.6%	0.0%	6.2%	0.0%

バレッジの清涼飲料などがもらえます。

長期的な視点で、
優良な高配当株銘柄に
コツコツと投資して、
受け取り配当金を
増やしていきましょう！

ここがポイント

- ここで紹介した7社は、株主還元意識が高く、長期で保有したい優良な高配当株
- 配当利回り3%以上のタイミングで、コツコツ投資するのがおすすめ

7時限目

いざ高配当株に投資開始！意識すべき4つのポイント

この章では、高配当株投資を始めるタイミングから、投資後も覚えておきたいポイントについて解説します。

01 できるだけ早め多めに、長く持つ

高配当株投資の概要から分析方法、具体的な銘柄まで学んだところで、みなさんはもう高配当株投資をスタートできる状態になっているはずです。

始める直前のこのタイミングで、高配当株投資の忘れてはいけない原則を本章でまとめます。

高配当株は、シンプルに言えば次の3つが基本原則です。

❶ できるだけ早めに
❷ できるだけ多めに買って
❸ できるだけ長く持ち続ける

なお、大前提として、ここでいう高配当株とは6時限目（149頁参照）で紹介したような**優良な高配当株**のことです。当然ですが、5時限目（127頁参照）で解説した基準に当てはまらない高配当株に、この基本原則を当てはめて買ってはいけません。

1 できるだけ早めに

高配当株は**「できるだけ早めに」買うとお得**になります。早く買えば買うほど、**増配による複利効果を長期間受けられる**ことができるからです（36頁参照）。

人生が90年あると想定した場合、高配当株を買った年齢に応じて複利効果を得られます。たとえば30歳で買えば60年間、60歳で買えば30年間となります。

もし、あなたが今20代なら大チャンスです。投資期間で圧倒的な優位性があります。

もちろん、それ以上の年代でも遅くはありません。60歳で買っても30年もあります。

なお、できるだけ早めにと言っても、割高な時期もあるので、いつどんなときでも買って良いわけではありません。買いのタイミングについては7時限目02（２０３頁参照）で詳しく解説しています。

2 できるだけ多めに

高配当株は、**「できるだけ多めに」買う**ことを意識します。可能な限り多く、自分の収入から投資資金に回しましょう。

配当利回り４％の株式を10万円分買ったら、受け取れる配当金は４０００円ですが、１００万円分買ったら配当金は4万円になります。当然ですが、多く買えば買うほど配当金は増えます。

ただし、次の①**無理はしない、②配当金はできるだけ再投資、③分散投資を忘れない**、の3つのポイントは守りましょう。

①無理はしない

あくまでも、**無理のない可能な範囲の金額で投資**します。日常の生活費を削ってまで投資する必要はありません。投資すること自体が目的なのではなく、投資で稼いだお金で生活の質や人生を向上させることが目的なので、無理して投資するのは本末転倒です。

②配当金はできるだけ再投資

受け取った配当金はできるだけ多く再投資します。可能なら**配当金は全額再投資**するのが理想です。

自分の給料収入で日常の生活費をまかなえている場合は、配当金を全額再投資しましょう。ただし、ここでも①無理はしない、が優先です。無理な我慢をしてまで、配当金を全額再投資する必要はありません。

配当金を再投資して高配当株を増やすと、受け取る配当金も増えます。配当金を再投資することで、**配当金がまた配当金を生む**という理想的な流れができます。

③分散投資を忘れない

できるだけ多めに買うにあたっては、**分散投資することを忘れないでください。** 分散投資して複数銘柄を買うことで、リスクを下げます（88頁参照）。

3 できるだけ長く

高配当株は、**「できるだけ長く」持ち続ける**ことが重要です。長期間保有し続ければ、大きな複利効果を得られます。時間を味方にして、**増配による複利効果**を最大限に受け取りましょう（36頁参照）。

増配によって株価も上昇するため、インカムゲイン（配当金）もキャピタルゲイン（株価上昇）も、両方とも長期的にどんどん増えていきます（51頁参照）。

なお、できるだけ長く持つことを心掛けますが、減配が発表された際は、原則として売却します（124頁参照）。

「稲妻が輝く瞬間」に市場にいることが重要

高配当株をできるだけ長く持ち続ける＝**株式市場に居続ける**ということです。

株式市場に残らなければならないという点について、米国公認証券アナリスト協会会長、バンガード取締役などを歴任したチャールズ・エリスは、過去75年間の米国株式市場を分析すると、株式投資から得られるリターン・利益のほとんど大部分は、上昇率ベストの60か月間に達成されているが、**この60か月は75年（＝900か月）という長期間のたった6％**に過ぎず、予測するのは不可能なので、投資家は株式市場が上昇する**「稲妻が輝く瞬間」**に、市場に居合わせなければならない（※）と語っています。

※出典：チャールズ・エリス著「敗者のゲーム」原著第5版、日経ＢＰマーケティング、２０１１年、33〜35頁

つまり、株式投資は少ししかない上昇期間を逃すだけで、そのパフォーマンス・リターンが大幅に減少するということです。

だからこそ、株式市場に居続ける（＝株式を保有し続ける）必要があり、それが非常に重要だということがよく分かります。

高配当株をできるだけ長く保有し続けることで、株式市場に「稲妻が輝く瞬間」を逃さずゲットしましょう。

ここがポイント

- 高配当株投資は
①できるだけ早めに、②できるだけ多めに買って、
③できるだけ長く持ち続ける、が原則
- 無理をしないことが大前提
- 「稲妻が輝く瞬間」を逃さないために株式市場から退場しないことも重要

02 「配当利回り」が教えてくれるシグナル

ここから先は「高配当株は、できるだけ早めに、多めに、長く持つ」の基本原則に関連するポイントを解説したいと思います。

高配当株には、とても便利で役立つ指標があります。それは、みなさんもすでによくご存知の「**配当利回り**」です。

配当利回りは、投資をする際のリターンを示すだけではなく、**高配当株の買いのサインや、売られ過ぎの目安として使う**ことができます。

1 配当利回りで売られ過ぎ・買われ過ぎを判定する

配当利回りの計算式は次のとおりでしたね。

配当利回りは、
いろいろ教えて
くれる頼もしい
相棒です！

配当利回り（％）＝1株当たり配当金（年額）÷株価×100

計算式のとおり、配当利回りと株価は一方が上がれば他方が下がる、一方が下がれば他方が上がるという、シーソーみたいな関係でした。

よって、**配当利回りが上昇して5〜6％などの異常値になっていれば、株価は売られ過ぎの状態（＝買いのチャンス）**だと分かります。逆に、**配当利回りが下落して2％台になっていれば、株価は買われ過ぎの状態（＝様子見した方が良い）**だと推定できます。

配当利回りの水準を株価の売られ過ぎ・買われ過ぎの一つの目安として活用しましょう。

2 買い時を判断する配当利回りの目安

配当利回りが教えてくれる目安として、わたしは次頁図のような区分ラインを意識しています。

あくまでも目安ですが、実際のケースでもかなり有効です。配当利回りは、計算すればはっきりと答えが出てくる数値なので、実践的かつ分かりやすく線引きすることができるのです。

この図を見ると、株価が上昇して配当利回りが４％に届かなくても、**配当利回りが3％以上あれば「まだ買えるゾーン」にある**ことが分かります。

配当利回りが教えてくれるシグナルを、高配当株の買いのタイミングに活用していきましょう。

● 配当利回りが示すライン

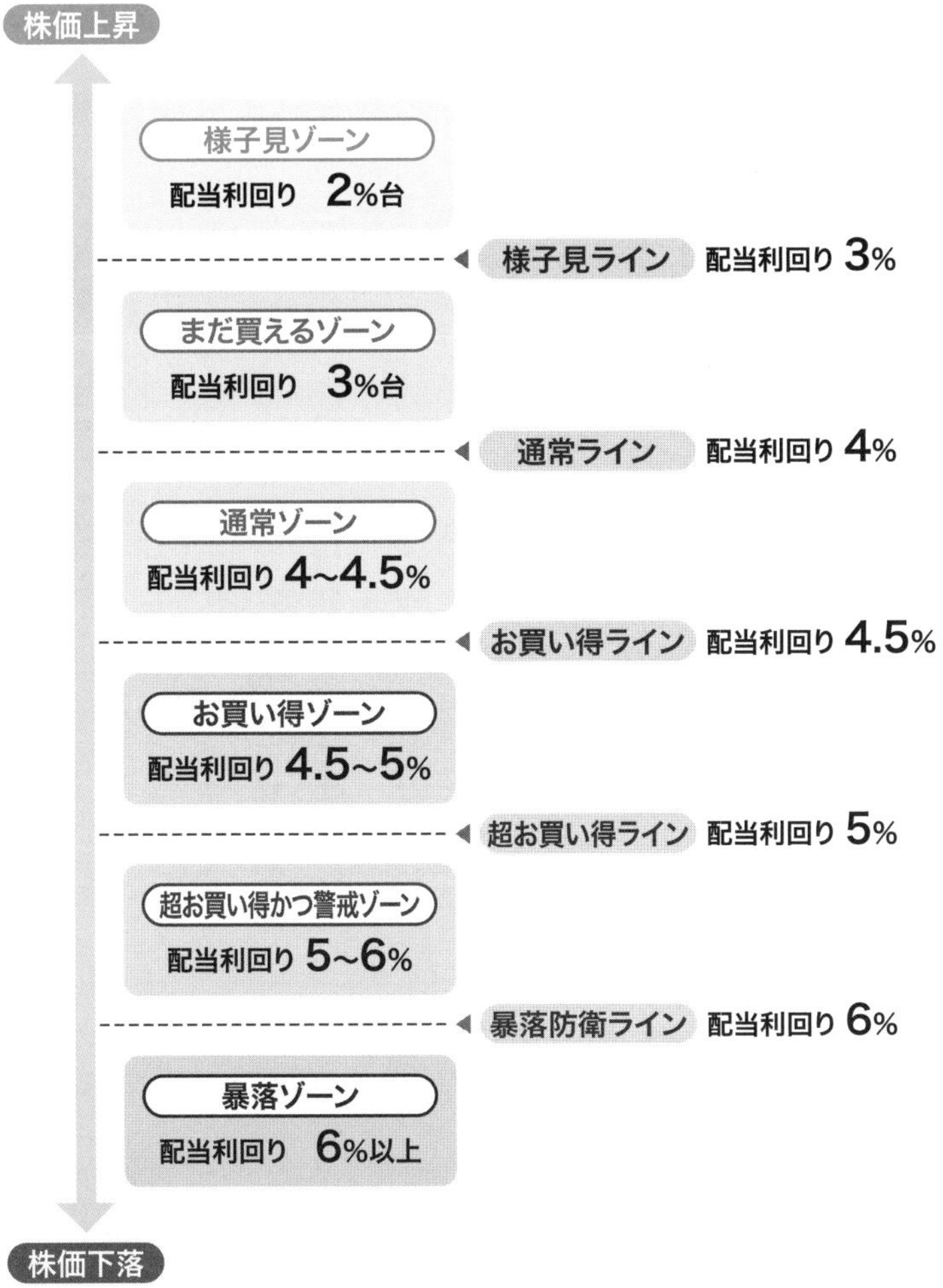

※累進配当プラザーズ（150頁参照）のような、通常時の配当利回りが4%程度の優良な高配当株を想定したものです
※絶対的な基準となるラインではなく、あくまでも「一つの目安」として活用してください

3 飛びつき買いはNG

なお、この買いのタイミングなどを判定する指標として配当利回りを使う際には、くれぐれも**最初に高い配当利回りだけを見て飛びつき買いをしないように注意してください**（74頁参照）。

次の❶→❷の順序を守りましょう。

❶自分の買いの基準（127頁参照）に該当する優良な高配当株を選ぶ

❷❶で選んだ優良な高配当株の中で、「配当利回りが示すライン」（前頁参照）をもとに、買いのタイミングを決定する

ここがポイント

- 配当利回りと株価の一方が上がれば他方が下がる、一方が下がれば他方が上がる関係を利用して、銘柄の売られ過ぎ・買われ過ぎを判断できる
- 配当利回り3%からが買いのゾーン
- 高い配当利回り「だけ」に飛びついて買うのはNG

03 取得配当利回り上昇の恩恵を忘れないために

2時限目04（44頁参照）でも説明したとおり、増配で自動的に「**取得配当利回りと配当金がどんどんアップしていく**」という魅力的な特性が、高配当株にはあります。

この取得配当利回りアップの素晴らしさを意識しておくと、高配当株を長く保有し続けることができます。

私は常にこの点を忘れずに心に留めておくことで、株価が下落してあたふたと狼狽売りしてしまうことなく、くじけずに保有を長期継続することができています。

今の時点だけではなく長期的な視点で、将来の取得配当利回りの上昇も頭に入れておくと、高配当株を保有する握力が強化されます。

取得配当利回りアップを
確認することで、
モチベーションもアップ
します。

1 取得配当利回りリストを作ろう

そのために、**自分が保有する株式の取得配当利回りについて、エクセルなどの表計算ソフトで一覧表を作っておく**ことがおススメです。

下図のような一覧表を、**四半期（3か月）に一回程度更新**します。

取得配当利回りアップの素晴らしさを実感できるとともに、高配当株を保有し続けるモチベーションが湧いてくる表です。だんだんと、更新するのが楽しみになりますよ！

● 取得配当利回りの一覧表（例）

社名	会社予想配当金（円/株）	取得価格（円/株）	取得配当利回り	市場株価（円）	市場配当利回り
A社	32	600	5.3%	800	4.0%
B社	60	900	6.7%	1,600	3.8%
C社	87	1,500	5.8%	2,400	3.6%

○年△月□日現在

ここがポイント

- 長期的な視点を持ち、将来の取得配当利回りの上昇を忘れずにいることが、狼狽売りを防ぐ
- モチベーション維持のため取得配当利回りリストを作り、四半期に一度更新するのがおすすめ

04 株式市場の下落・暴落時に勇気をもって買い向かう

株式市場は、歴史的に、上がったり下がったりを繰り返していますが、長期的に見ると、世界経済の拡大に伴って、株価は右肩上がりで上昇しています。

つまり、**株価が下落、特に暴落したときに買えば、その後大きな利益をつかむことができる**ということです。

当たり前のように思えますが、とても重要です。そして、多くの人が頭では分かっているのに、できないことでもあります。

人間は感情の生き物なので、株式市場が急激なスピードで毎日下がっているのを見ると、恐怖を感じて買いボタンが押せなくなります。

それでは、**どうすれば暴落時にも買い向かうことができるのでしょうか**。次の3つのポイントを認識しておくことが有効です。

暴落はピンチのように見えて、チャンスにもなります！

1 暴落の経験は宝物

暴落について頭の中の知識だけではなく、実際に体験していることは、大きなメリットです。

もちろん、まだ投資を始める前の人や、投資をスタートしたけれどもまだ暴落を経験していない人もいると思います。この場合は3時限目05（94頁）を参照のうえ、暴落について疑似的に体感してみてください。

２０２０年のコロナショックでは、日経平均は1万６３００円の安値を付けてから半年で２万３４００円まで回復し、半年で43％も上昇しました。もし暴落時に買えていれば、大きな利益をもたらす結果となりました。

これを経験した人、そして忘れずに覚えている人は、次回の暴落時には恐れずに買い向かうことができるはずです。

暴落はある意味、宝物級の大事な経験です。人間は忘れやすい生き物でもありますが、自分なりの記録やメモをきちんと残すなど工夫して、絶対に忘れないようにして下さい。

そうすれば、その次の株式市場暴落時には、大儲けすることができます。

2 大型の高配当株の倒産リスクは低い

株式市場の暴落時には、株価が毎日どんどん下がっていくので、恐怖に襲われます。

暴落の最初の頃はまだ良いのですが、株価下落の期間が長くなってくると、株価が下がるどころか、このまま企業が倒産して自分の投資したお金が全部なくなってしまうのでは、という気持ちになってきます。こうなると、買い増しや追加投資などは到底できません。

こんなときは、**もう一度、自分の投資先である高配当株企業の業績や将来について考えてみる**のが効果的です。

「今回の暴落は、本当に三菱商事や三井住友銀行、ＮＴＴなどの大型高配当株企業が倒産するような状況なのか」

「そんな状況は絶対にないとは言えないが、日本が有事に巻き込まれるなどしない限りは、起こらないことではないか」

などと考えてみると、「こんな優良大企業の倒産リスクに怯える必要はない」と落ち着きます。

そして冷静な頭で、この暴落状況下でどのような投資行動をとるべきか検討できるようになります。

3 暴落中も配当金で再投資できる

高配当株は、定期的に配当金が入金されます。

中間配当がある会社がほとんどなので、**半年に1回は配当金を受け取れます。**加えて決算期が異なる複数の高配当株に投資すれば、2〜3か月に1回は、配当金の入金があります。

この定期的に入る配当金を使って、**定期的に再投資・買い増しをすることができます。**

この再投資や買い増しは、株式市場の暴落の時に非常に有効です。

暴落のピンチに配当金でチャンスを掴む

株式市場が暴落したときはピンチでもありますが、逆に買い増しをする大チャンスです。低い株価＝高い配当利回りで買い増すことができます。

長期的に見れば、株式市場は右肩上がりで成長していくので、低い株価で買い増せたら、将来的には大儲けできます。

しかし、暴落の際は、保有株式の含み損を抱えている場合が多く、そもそも買い増し用の現金が手元にない人が多数派になります。

暴落時の恐怖の中で自分の貯金などを取り崩して追加投資するのも心理的なハードルが高く、多くの人にとっては黙って指をくわえて見ているしかない状況です。

ここで、配当金の出番です！

株式市場が暴落しても、暴落の原因はさまざまです。必ずしもストレートに高配当株企業の減配・無配につながるわけではありません。

優良な高配当株企業は、減配は最後の手段と考えているため、**配当金には下方硬直性**がありま す（67頁参照）。暴落が起きても、通常は当面の間、配当金は継続して支払われます。

定期的に入金される配当金（キャッシュ）は、買い増しの原資として使えます。これなら、投資に対する心理的なハードルも低くなります。

株式市場の暴落時においては買い増し用の現金余力がなくなりがちですが、配当金によって現金余力を回復できることは、投資家にとって非常にありがたいです。

"配当金 is King."

"Cash is King."は、株式市場の暴落時によく言われる名言です。

「現金は王様」＝「暴落時に現金があれば安い株価で買える」という意味で、暴落時にはまさしく「**配当金 is King!**」になります。

暴落時は、資産が急激に減少する恐怖でなかなか買い増しには踏み切れませんが、配当金による現金余力は、背中を押し、勇気を与えてくれる存在でもあります。

その意味で配当金は、とても頼りがいのある相棒といえます。

無理をして買う必要はありませんが、これらの事実を忘れず、次回の暴落時には勇気をもって買い向かうことを意識して、大きな利益を手に入れましょう。

ここがポイント

- 暴落時は株を取得する大チャンスでもある
- 暴落の経験、大型高配当株の倒産リスクが低いことを忘れなければ、次の暴落時に勇気をもって高配当株を購入できる
- 暴落時にも定期的に振り込まれる配当金で買い増しができる

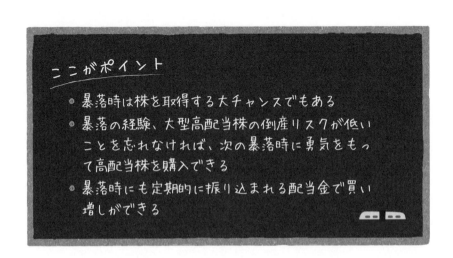

8時限目

「新NISA」を活用する

新ＮＩＳＡ(ニーサ)で高配当株に投資すれば、配当金にかかる税金が無期限でゼロになり、手取りの受け取り配当金が大きく増えます!

01 「新NISA」は今までのNISAと何が違う?

1 「新NISA」の創設

2024年1月から、**新しいNISA(少額投資非課税制度)がスタート**します。

この新NISAは、「貯蓄から投資へ」の流れを加速し、「家計の安定的な資産形成」を推し進めていくことを目的に創設された国の制度(税制)です。

新NISAは、これまでのNISAと比べ、内容が大幅に拡充されていて、金融庁をはじめとした国の本気度を感じます。**個人投資家にとって非常に大きなメリットがある制度**です。

新NISA口座は、証券会社に申し込めば開設できます

まずは、新NISAの制度内容について理解しましょう!

（102頁参照）。この機会に活用しましょう。

2 配当金にかかる税金が無期限でゼロに

従来のNISAが、期限付きの時限的制度であったのに対し、**新NISAは恒久化**されました。

新NISAの概要は以下の図のとおりです。注目すべき新NISAの特徴をピックアップして解説していきます。

非課税保有期間

新NISA口座で購入した株式・投資信託は、**キャピタルゲイン（株式売買益）と配当金にかかる税金約20％が非課税、つまり税金がゼロ円**になります。

かつ、**非課税保有期間は無期限**です。

● 新NISAの概要

	つみたて投資枠	成長投資枠
年間投資枠	120万円	240万円
非課税保有期間	無期限化	
非課税保有限度額（総枠）	合わせて1800万円 ※成長投資枠は1200万円が限度	
口座開設期間	恒久化	
投資対象商品	長期の積み立て・分散投資に適した投資信託（つみたてNISA対象商品と同じ）	上場株式・投資信託など（つみたて投資枠と同じ投資信託を選んでもOK）
対象年齢	18歳以上	

※金融庁ホームページ（https://www.fsa.go.jp/policy/nisa2/about/nisa2024/index.html）「新しいNISA」をもとに制作・編集

これは、非常にメリットがある嬉しい点です。

通常なら約20％の税金がかかりますが（18頁参照）、新ＮＩＳＡの枠内で国内の高配当株を買えば、配当金を丸々受け取れます。しかも、無期限・非課税で大きな効果が見込めます。

なお、非課税で配当金を受け取るには、配当金の受け取り方法として、証券口座に配当金を入金する「**株式数比例配分方式**」を選択する必要があるので注意してください。

年間投資枠

新ＮＩＳＡでは、**つみたて投資枠が年間120万円、成長投資枠が年間240万円、合計で年間360万円を上限**として投資可能です。これは従来ＮＩＳＡの3倍の額となる大幅拡充となります。

あくまで上限なので、上限額以下の範囲内であれば、投資金額は年間10万円でも20万円でもＯＫです。

非課税保有限度額（総枠）

新ＮＩＳＡでは、**つみたて投資枠は600万円、成長投資枠は1200万円、合計で1800万円が生涯での非課税保有限度額（総枠）**です。

この総枠は、「**生涯投資枠**」とも呼ばれます。

毎年ずっと年間投資枠の額で非課税投資できれば良いのですが、国もそこまでは甘くありません。生涯投資枠1800万円が上限として設定されています。

よって、毎年年間投資枠の上限（年360万円）まで投資した場合は、最短5年で生涯投資枠の上限に達することになります。

投資対象商品

「**つみたて投資枠**」（217頁図参照）を使って投資できるのは、**長期積み立て・分散投資に適した指定の投資信託**で、販売手数料ゼロ（ノーロード）のインデックスファンドなどが対象です。

「**成長投資枠**」（217頁図参照）では、投資信託に加え、**高配当株を含む個別の上場株式**にも投資できます。高配当株投資の新NISA活用に関しては、次の節で詳しく解説しています。

「つみたて投資枠」で指定されている投資信託はもちろん、毎月分配型もしくは高レバレッジ投資信託（レバナスなど）を**除く**投資信託やグロース株なども買うことができます。

生涯投資枠の復活

生涯投資枠は、**簿価残高（取得価格）で管理**されます。

全体の生涯投資枠の上限1800万円を使い切ってしまったあとでも、それを売却して生涯投資枠に余裕ができれば、その分を新たに使うことができます。

売却すれば何回でも枠を再利用できるのは、素晴らしい点です。

ただし、短期での回転売買を防止するため、**枠の復活は売却の翌年**になります。

たとえば昨年までに全体の生涯投資枠１８００万円を使い切り、そのうち１００万円を今年売却した場合は、その翌年に１００万円分の枠が復活します。

対象年齢

新ＮＩＳＡ口座を開設して使うことができるのは、**18歳以上**です（ただし、新ＮＩＳＡ口座を開設する年の１月１日時点で18歳以上が条件）。

１名当たりの生涯投資枠は１８００万円なので、夫婦なら２人で合計３６００万円の生涯投資枠になります。

なお18歳未満の子どもは新ＮＩＳＡを使えませんが、18歳以上になれば学生でも使えます。

ここがポイント

- 新NISAの特徴
  - 配当金など利益にかかる税金約20%が非課税に
  - 非課税保有期間は無期限
  - 利用枠の合計は最大1800万円まで
  - 18歳から利用可能

02 新NISAの成長投資枠で高配当株を買う

新NISAの概要を理解できたところで、「それでは、具体的にどう活用したら良いの？」と疑問に思う人も多いでしょう。おすすめの新NISAの活用方針は以下の2つです。

❶ 優先的に新NISA口座を使う
❷ 成長投資枠で高配当株を買う

1 優先的に新NISA口座を使う

まずは、生涯投資枠に空きがある間は優先的に新NISA口座を使うようにします。

素晴らしいメリットがある
新NISAを使わない手は
ありません。
どんどん活用しましょう！

新NISA口座で生涯投資枠が埋まったあと、特定口座（課税口座）を使います。

複利効果をできるだけ長期間得るためには、**新NISAの生涯投資枠合計1800万円を最短期間、つまり5年で使い切るのが、理論上は一番効果があります。**

しかし1800万円もの投資金額は、普通は簡単に用意できるものではありません。**5年以上かかっても問題ないので、無理のない範囲で長期でコツコツと生涯投資枠を使っていきましょう。**

2 成長投資枠で高配当株を買う

制度上、**新NISAで個別の高配当株を買えるのは、成長投資枠の方だけ**です。つみたて投資枠では高配当株を買えません。

成長投資枠（＝年間投資枠240万円・生涯投資枠1200万円）を使い、インカムゲイン（配当金）とキャピタルゲイン（株式売買益）をともに得られる優良な高配当株を新NISAで買いましょう。そして、長期間、無期限の非課税効果を享受しましょう。

なお、投資資金に余裕があれば、つみたて投資枠の活用も推奨します。

リスク軽減の観点から、投資対象は全世界株式型か米国S&P500に連動するインデックスファンドがおすすめです。

将来的に、5時限目05（143頁参照）で紹介した**日経累進高配当株指数に連動するインデックスファンド**が販売されるようになったら、こちらも有力な選択肢になり得ます。

3 新NISAを活用した場合の未来

新NISAを活用すると、どれくらいの投資資産・配当金になるのか、試算してみましょう。あくまでも試算ですが、新NISA活用時の未来がどうなるか、具体的にイメージしてみてください。

第1フェーズ

第1フェーズは、**成長投資枠(=年間投資枠240万円・生涯投資枠1200万円)の上限まで複数の優良な高配当株に分散投資していくフェーズ**です。最短でも5年かかります。

上限の1200万円は大きな金額です。投資用の資金を用意するのに苦しい時期になると思います。ただし、繰り返しますが無理は禁物です。できる範囲で行いましょう。投資用資金の確保については、4時限目02(104頁)も参照してください。

たとえば、上限1200万円まで投資するには、次のようにいくつかのケースが考えられます。

- **ケース1:月20万円(年240万円)×5年=1200万円**
- **ケース2:月10万円(年120万円)×10年=1200万円**
- **ケース3:月5万円(年60万円)×20年=1200万円**

「最短5年での上限達成を狙う月20万円なんて絶対無理」「そもそもケース3での月5万円でもきついのに20年もかかるのか」と思う人も多いでしょう。

しかし、月5万円＋夏と冬のボーナス各30万円で、年1200万円＝月10万円になります。

さらに、1200万円全額を自分で準備する必要はないのです。この第1フェーズの間も配当金が定期的に入金されますから、**配当金を再投資すれば、自分で用意するお金はその分少なくて済みます。**

ざっくりですが、年120万円を投資するケースで考えると、配当利回り4％とした場合、新NISAで非課税となるので年間配当金は4万8千円です。

10年の間に増配もあるでしょうから、少なくとも平均で年間配当金5万円は確保できるとして計算すると、

- **1年目投資分：配当金5万円×10年＝50万円**
- **2年目投資分：配当金5万円×9年＝45万円**
- **3年目投資分：配当金5万円×8年＝40万円**

となります。

つまり、10年間で受け取れる配当金の合計金額は、50万円＋45万円＋40万円＋35万円＋……＋10万円＋5万円＝合計275万円のように、各年の投資分に対して配当金を受け取れます。

また、ざっくり計算なのでこの試算結果には含んでいませんが、**配当金を再投資すれば、その分にも配当金が付く**ので、実際は275万円より多くの配当金を受け取れます。

さらに、そもそもの年間配当金5万円の前提も、10年という長期間であることを考えると、極めて控えめで保守的な増配率です。

よって、10年間での配当金合計は右記275万円を少し増額して、300万円はあると想定しましょう。

すると、上限1200万円−300万円＝900万円になるので、**900万円の投資資金を用意すれば上限に達します**。

900万円を10年で用意するなら、平均して**月7万5000円**です（月7・5万×12か月×10年＝900万円）。**当初の月10万円から25％もダウン**しています。

ボーナスの活用も考えると、月3万円＋夏と冬のボーナス各27万円で年90万円です。

もちろんそれぞれ事情が異なりますので、この試算はあくまで例として参考にしてください。

しかし、ここでのポイントは、**巨額で手が届かないようにも思われた1200万円が、細かく分解して考えると、不可能ではない金額になる**ということです。

第1フェーズでの投資期間中に「ちょっとしんどいな」と感じたり、モチベーションが上がらなかったりするときには、次の第2フェーズでの明るく素晴らしい未来を思い出すのも有効です。

第2フェーズ

さあ、次はいよいよ第2フェーズです。**第2フェーズは、新NISAの非課税での配当金と含み益がどんどん成長していく楽しい段階**になります。

次頁の表に、第1フェーズで優良高配当株に投資した成長投資枠1200万円が、第2フェーズではどうなっていくのか試算した結果を示しました。

配当金も含み益もたっぷりの素晴らしい試算結果となりました。**インカムゲインもキャピタルゲインも、両方をゲット**しています。

さらに新NISA口座なので、**配当金にも売却益（今後売却した場合）にも税金はかかりません。**

第2フェーズ開始から5年後には、年間配当金61万円（＝月5万円の配当金）、15年後には節目の年間配当金100万円、20年後には年間配当金127万円で月10万円の配当金を達成します。

普段はあまり意識しませんが、累計配当金の額もすごいことになっています。例えば、**30年分の累計配当金は3349万円**。配当金で家が買えてしまいますね。

しかも、この**第2フェーズの試算では追加投資を一切していません**。配当金の再投資もしていない計算です。第1フェーズで買った高配当株を保有し続けているだけです。

もし配当金を高配当株に再投資すれば、次頁の試算結果を上回る成果を期待できます（この場合、成長投資枠は上限まで使っているので特定口座で再投資します）。

● 第2フェーズの試算結果

	投資資産時価	取得配当利回り	年間配当金	累計配当金
スタート時	1,200万円	4.0%	48万円	48万円
5年後	1,532万円	5.1%	61万円	278万円
10年後	1,955万円	6.5%	78万円	634万円
15年後	2,495万円	8.3%	100万円	1,088万円
20年後	3,184万円	10.6%	127万円	1,667万円
25年後	4,064万円	13.5%	163万円	2,405万円
30年後	5,186万円	17.3%	207万円	3,349万円
35年後	6,619万円	22.1%	265万円	4,552万円
40年後	8,448万円	28.2%	338万円	6,088万円
45年後	1億782万円	35.9%	431万円	8,049万円
50年後	1億3,761万円	45.9%	550万円	1億551万円

※年間配当金は、その時点で1年間に受け取れる配当金
※累計配当金は、その時までに受け取った配当金の合計額　例）10年後の累計配当金は、10年間で受け取った配当金の合計額

前提条件

① 第2フェーズのスタート時に1200万円の時価

※実際は第1フェーズの間にも投資資産は成長するので、1200万円以上あると想定されますが、超保守的に1200万円とします

② 第2フェーズのスタート時の取得配当利回り：4%

※実際は、第1フェーズの間の増配で取得配当利回りはアップする（44頁参照）ので、4%以上あると想定されますが、超保守的に4%とします

③ 増配率：年5%

※累進配当ブラザーズの増配率実績（60頁参照）にも見られるように、年5%の想定増配率は十分に可能性がある数字です

④ 増配率＝株価上昇率

※56頁参照

ただし、この試算結果はあくまでも前頁記載の前提条件❶〜❹がすべて満たされている状態での数字になります。ただ、前提条件の※に記載のとおり、**❶〜❹は実現可能性が十分**にあります。

逆に前提条件を上回った場合は、試算結果の数字を上回る投資成果が得られます。

第1フェーズを完了させて、第2フェーズの試算結果になれば、配当金と含み益がたくさんある状態になるので、少なくとも老後資金の心配はほぼ不要です。

海外旅行や住宅の購入、子どもの教育費など、さまざまな用途に使えます。**自分の人生で本当にやりたかったことをする、経済的な手助けをしてくれるでしょう。**

だからこそ、新NISAを活用した高配当株投資に頑張ってチャレンジする、その価値は十分にあります。長期的観点で、投資活動をコツコツと継続して頑張りましょう。

ここがポイント

- 高配当株を購入できるのは「成長投資枠」
- 投資資金を捻出する第1フェーズは、配当金を再投資することで必要な資金を圧縮可能
- 成長投資枠を埋めたあとの第2フェーズはインカムゲイン、キャピタルゲインともに雪だるま式に増えていく

あとがき

本書を最後まで読んでいただき、ありがとうございます。

配当金、累進配当など高配当株投資の素晴らしさが少しでも伝わったとしたら、こんなに嬉しいことはありません。

本書の中でも書きましたが、読み終わったあとに大事になるのは、「行動すること」です。高配当株投資のためにしなければならないことは、4時限目で詳しく書いたので、見直してみてください。

自分で行動しなければ、何も変わりません。今までと同じ毎日が続くだけです。

もちろん行動すると言っても、自分が納得していない投資をする必要はまったくありません。自分が納得していること、できる範囲のことから始めましょう。

無料で証券口座を開設する、固定費削減を検討する、個別の高配当株企業について深く調べてみるなど、ほぼノーリスクの行動から始めるのも良いと思います。

新たな行動を躊躇してしまうとき、私はかのマーク・トウェインの名言を思い出すことにしています。背中を押してくれる言葉です。

今から20年後、あなたはやったことよりも、やらなかったことを後悔するだろう。
ゆえに、舫《もや》い綱《づな》をほどき、安全な港から船を出せ。自分の帆で貿易風を受け止めよ。
探検し、夢を見て、発見するのだ。

高配当株投資は、できるだけ早めに、多めに高配当株を買い、長く持ち続けることがポイントでした。よく言われることですが、今日があなたの残りの人生で一番若い日です。ぜひ行動してみてください。

最後になりますが、株式会社ソーテック社の芦沢さん、久保田さんには、著書を出版するという貴重な機会をいただき、編集者として大変お世話になりました。感謝申し上げます。

また、私のブログ「Road to 配当生活」の読者の皆さま、X（旧Twitter）のフォロワーの皆さまには、常に支えられています。御礼申し上げます。

そして、本書の原稿を読んで意見をくれた妻と子どもたちにも感謝しています。いつもありがとう！

本書が、皆さまの人生と資産形成に役立つことを願っています。

ショウ

世《せ》界一《かいいち》やさしい　高配当株投資《こうはいとうかぶとうし》の教科書《きょうかしょ》　1年生《ねんせい》

2023年 12月31日　初版第1刷発行
2024年 8月10日　初版第2刷発行

著　者　ショウ
発行人　柳澤淳一
編集人　久保田賢二
発行所　株式会社　ソーテック社
〒102-0072 東京都千代田区飯田橋 4-9-5　スギタビル 4F
電話：注文専用 03-3262-5320
FAX：03-3262-5326
印刷所　TOPPAN クロレ株式会社

ISBN978-4-8007-2124-2